Oliver Trey

Die Rassentheorie des Grafen Joseph Arthur de Gobineau. Eine Analyse des 'Essais', seiner Vorläufer und seiner Folgen

GRIN Verlag

Bibliografische Information der Deutschen Nationalbibliothek:

Die Deutsche Bibliothek verzeichnet diese Publikation in der Deutschen National-
bibliografie; detaillierte bibliografische Daten sind im Internet über http://dnb.d-
nb.de/ abrufbar.

Impressum:

Copyright © 1998 GRIN Verlag GmbH
Druck und Bindung: Books on Demand GmbH, Norderstedt Germany
ISBN: 978-3-638-70020-7

GRIN - Your knowledge has value

Der GRIN Verlag publiziert seit 1998 wissenschaftliche Arbeiten von Studenten, Hochschullehrern und anderen Akademikern als eBook und gedrucktes Buch. Die Verlagswebsite www.grin.com ist die ideale Plattform zur Veröffentlichung von Hausarbeiten, Abschlussarbeiten, wissenschaftlichen Aufsätzen, Dissertationen und Fachbüchern.

Besuchen Sie uns im Internet:

http://www.grin.com/

http://www.facebook.com/grincom

http://www.twitter.com/grin_com

Diplomarbeit

Die Rassentheorie des Grafen Joseph Arthur de Gobineau
Eine Analyse des „Essais", seiner Vorläufer und seiner Folgen

vorgelegt an der
Universität Mannheim

von:
Dirk Oliver Trey

Studienfach:
Wirtschaftspädagogik, Studienrichtung II
Doppelwahlpflichtfach
Geschichte/Wirtschafts- und Sozialgeschichte

Inhaltsverzeichnis

Einleitung

Seit Ende des 18. Jahrhunderts, spätestens seit Anfang des 19. Jahrhunderts, entwickelte sich in Mittel- und Westeuropa ein „rassisches Denken", durch das die verschiedenen Menschen der Erde in „Rassen" eingeteilt wurden. Neu war dies freilich nicht, fanden sich doch schon bei Aristoteles ähnliche Elemente wie in den Rassentheorien des 19. Jahrhunderts.[1] Das „rassische Denken" erreichte nun aber eine neue Dimension.

Dieses war bis zur Mitte des 19. Jahrhunderts nur in einzelnen Fragmenten und Ansätzen vorhanden. Es existierte bis zu diesem Zeitpunkt keine allumfassende Theorie, keine Rassentheorie, in der die verschiedenen Vorstellungen und „Kenntnisse" über „Rassen" zusammengefaßt und „wissenschaftlich" begründet waren. Solch eine Theorie wurde erst in der Mitte des 19. Jahrhunderts von Joseph Arthur Graf von Gobineau entworfen.

In dieser Theorie trat als eine Art Rassenphilosophie zum ersten Mal klar hervor, was bei Ernst Moritz Arndt und „Turnvater" Friedrich Ludwig Jahn noch unklar angedeutet war: Der biologische Materialismus verkündete die völlige Abhängigkeit des Menschen von seinen Erbanlagen und damit in letzter Konsequenz seine Willensunfreiheit.[2]

Joseph Arthur Graf von Gobineau[3] wurde am 14. Juli 1816 in Ville d'Avray bei Paris geboren und verstarb am 13. Oktober 1882 in Turin. Gobineau wurde in Frankreich und in der Schweiz erzogen. Er diente der zweiten und dritten Republik sowie dem zweiten Kaiserreich als Diplomat; daneben widmete er sich der Schriftstellerei. 1849 wurde er „Chef de Cabinet" unter Tocqueville während dessen kurzer Amtszeit als Außenminister. 1851 wurde er Gesandtschaftssekretär in Bern und bekleidete später diplomatische Posten in Hannover, Frankfurt, Teheran, Athen, Rio de Janeiro und Stockholm. Seit 1877 lebte er zurückgezogen und widmete sich ausschließlich seiner schriftstellerischen Arbeit. Diese umfaßte neben seinem ‚Rassenwerk' „Essai sur l'inégalité des races hu-

---

[1] Vgl. hierzu auch Kapitel 5 dieser Arbeit.

[2] Vgl. WESTPHALEN, L. GRAF VON: Geschichte des Antisemitismus in Deutschland im 19. und 20. Jahrhundert (Quellen und Arbeitshefte zur Geschichte und Gemeinschaftskunde), Stuttgart 1971, S. 42.

[3] Vgl. zur Person und zum Werk Gobineaus MÜHLEN, P. VON ZUR: Rassenideologien: Geschichte und Hintergründe (Internationale Bibliothek; Bd. 102), Berlin/Bonn-Bad Godesberg 1977, S. 52 f, GOBINEAU, J. A. GRAF DE: Die Ungleichheit der Menschenrassen, übersetzt von R. Kempf, Kurt Wolff-Verlag Berlin, Berlin 1935, S. VII f, YOUNG, E. J.: Gobineau und der Rassismus. Eine Kritik der anthropologischen Geschichtstheorie (Archiv für vergleichende Kulturwissenschaft; Bd. 4), Meisenheim am Glan 1968, S. 107 sowie MEYERS ENZYKLOPÄDISCHES LEXIKON in 25 Bänden, 9. Auflage, Mannheim/Wien/Zürich, „Gobineau". Vgl. darüber hinaus die, wenn auch „propagandistisch eingefärbte", ausführliche Biographie Gobineaus von Ludwig Schemann. SCHEMANN, L.: Gobineau. Eine Biographie, 2 Bde., Straßburg 1913/16.

maines"[4] orientalische Studien, kulturgeschichtliche Darstellungen und eine Reihe schöngeistiger Schriften.[5]

Gobineau gehörte dem Kreis um Richard Wagner an. Mit seiner Abhandlung „Essai sur l'inégalité des races humaines", in der er die Gleichwertigkeit der Menschen verschiedener „Rassen" leugnete und die Überlegenheit der „arischen Rasse" demonstrieren wollte, übte er auf Richard Wagner, Houston Stewart Chamberlain, Friedrich Nietzsche und die imperialistische Bewegung, die auch im Zusammenhang mit der Theorie des Sozialdarwinismus[6] zu sehen ist, entscheidenden Einfluß aus. Des weiteren lieferte er mit seiner Abhandlung Argumente für den Rassenfanatismus des Nationalsozialismus. In den „Gestalten der Renaissance" sah er den Ausnahmemenschen, den er verherrlichte, verkörpert. Mit dieser Verherrlichung nahm er Nietzsches Vorstellung vom Übermenschen[7] vorweg.

---

[4] Zum ersten Mal im Original erschienen in 4 Bänden 1853-55. Die erste deutsche Übersetzung der Abhandlung „Versuch über die Ungleichheit der Menschenrassen" erschien in 3 Bänden 1898-1901 von Ludwig Schemann.

[5] Zu nennen wären hier u. a. Reiseerlebnisse (Novellen, 1872; dt. 1945), Das Siebengestirn (Roman, 1874; dt. 1909, 1964 unter dem Titel „Die Plejaden"), Asiatische Novellen (1876; dt. 1923), Die Renaissance (Dichtung, 1877; dt. 1896) sowie Alexander (Drama; dt. 1902). Vgl. für einen kleinen Einblick in das Werk Gobineaus GOBINEAU, J. A. GRAF DE.: Gobineau. Auswahl aus seinen Schriften, herausgegeben von Fritz Friedrich. In: Jeannot von Grotthuss (Hrsg.): Bücher der Weisheit und Schönheit, Stuttgart 1906.

[6] Unter Sozialdarwinismus versteht man die nach Ch. R. Darwin benannte soziologische Theorienrichtung aus der 2. Hälfte des 19. Jahrhunderts, die Darwins Lehre von der natürlichen Auslese (Selektionstheorie, Darwinismus) auf die Entwicklung von Gesellschaften übertrug und die eng mit Evolutionismus, Biologismus und der Organismustheorie verbunden ist. Im Sozialdarwinismus, der auf Ideen H. Spencers zurückgriff, wird die menschliche Gesellschaft als Teil der Natur und den Naturgesetzen unterworfen angesehen. Die Menschen seien von Natur aus ungleich. Diese Ungleichheit führe zur Bildung gesellschaftlicher Hierarchien, denn im Lebenskampf, in den sozialen Konflikten („Kampf ums Dasein") setzten sich die „Tauglichsten" durch, während sich die weniger Geeigneten unterordneten. Die gesellschaftliche Entwicklung sei daher gleichsam ein biologisch notwendiger, natürlicher Ausleseprozeß sowohl zwischen Individuen als auch zwischen verschiedenen Gruppen, Gesellschaften, „Rassen" oder Völkern. Eine solche Auffassung rechtfertigt jeweils bestehende gesellschaftliche Ungleichheiten und Ungerechtigkeiten als natürlich und unumgänglich und lehnt sozialstaatliche Eingriffe scharf ab. Vgl. MEYERS, „Sozialdarwinismus", KOCH, H. W.: Der Sozialdarwinismus. Seine Genese und sein Einfluß auf das imperialistische Denken (Beck'sche Reihe; Bd. 97), München 1973 sowie zu den darwinistischen Rassentheorien u. a. auch MÜHLEN VON ZUR, S. 74 ff. Vgl. weiterhin die kritischen Bemerkungen von Marco Schütz zum „inflationären" Gebrauch des Begriffs Sozialdarwinismus, der leicht dazu führen könne, daß „echte" Sozialdarwinisten nicht mehr von solchen Autoren zu unterscheiden seien, deren sozialwissenschaftliches oder politisches Denken sich weitgehend unabhängig von jener Theorie entwickelt habe, die sich aber hier und da in ihren Schriften auf Darwin berufen oder populäre darwinistische Begriffe verwenden würden. SCHÜTZ, M.: Rassenideologien in der Sozialwissenschaft (Collection Contacts, Série II – Gallo-germanica; Vol. 11), Bern/Berlin u. w. 1994, S. 13 ff.

[7] So beschreibt Nietzsche in seinem Werk „Also sprach Zarathustra" den Weg des Menschen zum Übermenschen. Vgl. NIETZSCHE, F.: Also sprach Zarathustra, 2. Auflage, Atlas-Verlag Köln, Köln o. J. Zur Kurzbiographie über das Leben und Werk Nietzsches: MEYERS, „Nietzsche".

1. Aufbau der Arbeit

„Die Ungleichheit der Menschenrassen", ein Werk, das zunächst ohne große Resonanz blieb, gilt als das Hauptwerk Gobineaus und steht im Mittelpunkt dieser Arbeit. Bevor jedoch auf die Rassentheorie Gobineaus eingegangen wird, wird im Vorfeld untersucht, was unter „Rasse" – auch aus heutiger Sicht – zu verstehen ist. Es geht hierbei vor allem um die Problematik des biologischen und des soziologischen Rassenbegriffs sowie dessen Wandel.

Das 19. Jahrhundert war auch eine Epoche des Übergangs. Hierbei erfuhren die Wissenschaften eine ungeahnte Steigerung. Sie wurden getragen vom Bewußtsein der „Berechenbarkeit" aller Dinge (Rationalismus) und zielten auf eine reine und exakte Feststellung und Erforschung von Tatsachen (Positivismus).[8] Somit hinterließ auch der Positivismus im Denken Gobineaus seine Spuren.

Da darüber hinaus neben dem „Essai" von Gobineau oder allgemein neben den historischen Rassentheorien die positivistische Anthropologie sowie die verschiedenen biologischen Theorien über Vererbung, zusammengefaßt in den beiden Hauptströmungen Lamarckismus und Darwinismus, sowie ihre die menschliche Gesellschaft betreffenden Ausdeutungen als ideen- oder wissenschaftsgeschichtliche Wurzeln der späteren Rassentheorien gelten, werden an dieser Stelle auch einige Ausführungen zur positivistischen Anthropologie, zur Entwicklung der anthropologischen Methoden sowie zum Lamarckismus und Darwinismus[9] vorgenommen.

Damit soll gewährleistet werden, daß die damaligen wissenschaftlichen Konzeptionen der Anthropologie, Biologie und Soziologie/Sozialwissenschaft in bezug auf „Rasse", „Abstammung" und „menschliche Entwicklung" zumindest in groben Zügen angerissen und nähergebracht werden. Es wird damit aufgezeigt, welchen Stand sie bis dahin in diesem Bereich erlangten.

In diesem Zusammenhang erfolgt auch eine Darstellung der Gefahren und Auswirkungen, die sich durch die Einteilung der Menschen in „Rassen", „wissenschaftlich" untermauert durch die neue (naturwissenschaftliche) Anthropologie des 18. und 19. Jahrhunderts, ergaben.

---

[8] Vgl. KINDER, H./HILGEMANN, W. (Hrsg.): dtv-Atlas zur Weltgeschichte. Karten und chronologischer Abriß. Band II (Von der Französischen Revolution bis zur Gegenwart), 18. Auflage, München 1983, S. 11, 64.
[9] Auch wenn der Darwinismus zeitlich nach dem „Essai" Gobineaus einzuordnen ist.

Darüber hinaus wird auf das Problemfeld von Rassismus und Rassentheorien eingegangen. Ausgehend von einigen allgemeinen Ausführungen über Rassismus wird dann zum euroamerikanischen Rassismus übergegangen und zu dessen Verbindungen mit dem Arier-Mythos. Außerdem wird der Frage nachgegangen, ob sich Rassenkonflikte in Wahrheit nicht doch nur als Gesellschaftskonflikte erweisen. Dabei werden auch die Hintergründe und Intentionen für die Erarbeitung und Entstehung von Rassentheorien benannt.

Da es sich zeigen wird, daß Gobineau durchaus Vorläufer und Wegbereiter hatte, er also lediglich jene Gedanken verdichtete, die in Werken anderer Autoren kursierten, werden im folgenden diese Vorläufer dargestellt.

So wird zuerst auf die Vorgeschichte des Aufbaus eines rassistischen Weltbildes und damit auf die Entwicklung rassischer Vorstellungen eingegangen. Hierbei soll bis auf Aristoteles zurückgegangen werden, um zu verdeutlichen, daß sich das „Denken" in rassischen Kategorien keineswegs erst im 18. und 19. Jahrhundert entwickelte. Es wird sich zeigen, daß es in der langen Geschichte dieser Entwicklung Veränderungen im Erklärungsmuster gab, um Unterschiede zwischen Menschen zu begründen. Begründete Aristoteles die Rangunterschiede zwischen den Menschen letztlich nicht biologisch, sondern kulturell, so verkündete die neue (naturwissenschaftliche) Anthropologie des 18. und 19. Jahrhunderts, daß solche Unterschiede vor allem biologisch zu erklären seien.

Nach dieser näheren Betrachtung der Geschichte des Rassismus wird dann die Entwicklung der verschiedenen Rassenkonzepte aufgezeigt und die Geschichte der Rasentheorien dargestellt, bevor in einem kleinen Zwischenresümee nochmals jene Konzepte, Ansätze und Theorien zusammengefaßt aufgezeigt werden, die sich bis zu Gobineau finden lassen.

Vor diesem Hintergrund erfolgt die Darstellung der Rassentheorie Gobineaus. Dabei werden die wesentlichsten Thesen Gobineaus sowie die Erklärungsmuster für seine Annahmen und Aussagen in seinem „Essai" herausgearbeitet. In Anbetracht des Umfangs des Werkes wird die Analyse auf die wesentlichen Kernaussagen Gobineaus beschränkt bleiben. Hierbei werden auch mehrere Auszüge aus seinem Werk „Die Ungleichheit der Menschenrassen" wiedergegeben, damit man sich einen Eindruck darüber verschaffen kann, wie Gobineau argumentierte und seine Theorie begründete. Dies soll auch einen Einblick in das „Gedankengut" dieser Zeit ermöglichen.

Im folgenden wird der Frage nach der Wissenschaftlichkeit des „Essais" nachgegangen sowie dessen fatalistischer und pessimistischer Charakter herausgearbeitet. Im vorletzten Kapitel dieser Arbeit werden dann die Auswirkungen dieses frühen Werkes einer Rassentheorie beleuchtet. Hierbei wird auch der Einfluß Gobineaus auf Richard Wagner, Houston Stewart Chamberlain, den „Bayreuther Kreis" sowie auf die Rassenideologie des Dritten Reiches untersucht. Darüber hinaus wird untersucht, was Gobineau und sein „Essai" bewirkt und verändert haben. In diesem Zusammenhang werden dann verschiedene Analysen Gobineaus aus der Literatur angeführt, die vor allem auch den Stellenwert Gobineaus im Bereich der Rassentheorie in den Blickpunkt rücken.

Dabei wird jedoch zunächst zu thematisieren sein, ob er überhaupt als Rassentheoretiker gelten kann. Denn woher hatte er sein Wissen? Woher hatte er die Einteilung in Arier und Semiten, die Einstufung (mit Rangordnung) in schwarze „Rasse", gelbe „Rasse" und weiße „Rasse"? Außerdem wird an dieser Stelle beleuchtet, ob man Gobineau als (Rasse-) Antisemiten bezeichnen darf, ob man mit dieser Einschätzung seinem Wirken, seinen Zielsetzungen sowie seiner Selbsteinschätzung überhaupt gerecht wird.

In der Schlußbetrachtung der Arbeit werden die wesentlichsten Aspekte dieser Arbeit zusammengefaßt und ein Resümee über das Wirken Gobineaus und die Bedeutung seines „Essais" gezogen. Damit wird in der Schlußbetrachtung der Stellenwert Gobineaus für die Rassentheorien und -theoretiker des 19. und frühen 20. Jahrhunderts, für den (Rasse-) Antisemitismus sowie für den Nationalsozialismus und dessen Ideologie zusammenfassend dargestellt.

Anzumerken bleibt noch, daß aufgrund der ebenso ambivalenten wie problematischen Anwendung des Begriffs „Rasse" auf Menschen, „Rasse" in Anführungszeichen erscheint und mithin nur eingeschränkt und relativiert gilt.[10]

2. Verwendete Literatur und aktueller Forschungsstand

Durch die in den letzten Jahren neu entfachte Rassismusdebatte erschien zu diesem Themenkomplex eine Vielzahl neuerer Literatur, die Probleme wie „Rasse", Rassismus, Rassenkonflikte oder Rassentheorien aufgriff, sei es aus geschichtlicher, sozialwissenschaftlicher oder biologisch-humangenetischer Sicht.

---

[10] Vgl. hierzu auch GEISS, I.: Geschichte des Rassismus, Frankfurt 1988, S. 17 f, dessen diesbezüglichen Ausführungen ich mich an dieser Stelle anschließen möchte.

Als grundlegende Literatur für den ersten Teil der hier vorliegenden Arbeit, der sich mit diesen oben genannten Punkten auseinandersetzt, dienen dabei einige Autoren, deren Werke das Thema „Rassismus" umfassend behandeln. Dementsprechend häufig wird auf diese Autoren immer wieder zurückgegriffen.[11]

Das Werk „Verschieden und doch gleich" von Luca und Francesco Cavalli-Sforza behandelt das Thema „Rassismus" aus humanbiologischer, genetischer und evolutionsgeschichtlicher Sicht und legt auf diese Weise die Absurdität von Rassismus dar. Eckhard J. Dittrich greift den Rassismus in seinem Buch „Das Weltbild des Rassismus" vor allem aus soziologischer Perspektive auf. Er betrachtet einerseits die „Rasse" als biologisches und als sozialwissenschaftliches Problem und beschreibt andererseits die Entwicklung rassischer Vorstellungen im gesellschaftstheoretischen Denken seit Aristoteles und das Weltbild des wissenschaftlichen Rassismus. Dabei stellt er die These auf, daß gerade das westlich-abendländische Denken systematische Begründungen für soziale Ungleichheit und damit für eine weltbildliche Fundierung des Rassismus geliefert hat.

Immanuel Geiss liefert mit seiner „Geschichte des Rassismus" dagegen ein Werk, welches das Phänomen des Rassismus aus der historischen Perspektive heraus beleuchtet. Er unterscheidet dabei zwei Hauptformen – den antijüdischen/antisemitischen und den antinegriden Rassismus – die sich zwar parallel, aber weitgehend unabhängig voneinander entwickelt hätten. Bei seiner Rassismusbetrachtung spannt er dabei den Bogen von der weiteren Vorgeschichte des Rassismus (1500 v. Chr.-1492 n. Chr.) über die engere Vorgeschichte des Rassismus (1492-1775), die Formierung des Rassismus (1775-1914), den Rassismus der Zwischenkriegszeit und der Zuspitzung des Rassismus in Deutschland während des Dritten Reiches bis hin zum Rassismus der Neuzeit.

Patrick von zur Mühlens Werk „Rassenideologien" liefert eine umfassende Darstellung der Geschichte und Hintergründe von Rassenideologien und Rassentheorien. Von zur Mühlen kommt es in dieser verschiedene Länder vergleichenden Studie nicht darauf an, eine bestimmte Ideologie in einem begrenzten Zeitraum zu untersuchen, sondern eine bestimmte ideologische Thematik und deren Durchführung in einzelnen historischen

---

[11] Zu den vollständigen Titeln der im folgenden aufgeführten Werke siehe Literaturverzeichnis.

Etappen, beginnend mit der Restaurationsepoche und endend mit der faschistischen Bewegung und dem Zweiten Weltkrieg.

Weitere Autoren, die an dieser Stelle zu nennen wären, sind Léon Poliakov, Christian Delacampagne und Patrick Girard mit ihrer Abhandlung „Über den Rassismus", die die Anatomie und Geschichte des Rassenwahns beschreiben und darüber hinaus Deutungs- und Erklärungsversuche dieses Rassenwahns vornehmen, sowie Léon Poliakov mit seinem Buch „Der arische Mythos", welches die Quellen von Rassismus und Nationalismus untersucht. Diese kulturgeschichtliche Betrachtung geht den Ursprungsmythen zentraler europäischer Nationen nach, um die mythischen Gründe des modernen Nationalverständnisses in Europa und des europäischen Rassismus offenzulegen.

Findet sich zu „Rassismus" aufgrund des neu erwachten Interesses an diesem Thema sehr viel Literatur und ist hierbei zum einen die Forschungsdiskussion über die Ursachen von Rassismus sowie zum anderen dessen geschichtliche Aufarbeitung schon seit längerem im Gange, so wurde Gobineau und seinem Wirken in letzter Zeit dagegen eher weniger Interesse entgegengebracht.

Nennenswert als neuere Literatur über Gobineau sind hierbei vor allem die Studien von E. Y. Young „Gobineau und der Rassismus" sowie das englischsprachige Werk vom Michael Denis Biddiss „Father of Racist Ideology". Young, der Gobineau in seiner Arbeit geistesgeschichtlich deutet, versucht die anthropologisch-rassenbiologische Geschichtsauffassung und ihre Stellung im Rahmen der geschichtsphilosophischen Systeme abzugrenzen, um sodann die verschiedenen Strömungen aufzuzeigen, die zu Gobineau hinführen und auf denen er aufbaut. Schließlich untersucht Young die Wirkungen der Gobineauschen Lehre in Frankreich und Deutschland. Biddiss beschäftigt sich vor allem mit den gesellschaftlichen und politischen Ansichten Gobineaus. Weitere Monographien über Gobineau sind in neuerer Zeit nicht erschienen.

Neben diesen Einzelwerken über Gobineau lassen sich jedoch bei genauerer Sichtung der Literatur weitere Analysen Gobineaus und seiner Bedeutung finden. Diese Ausführungen über Gobineau erfolgen zumeist im Rahmen von Darstellungen der Geschichte der Rassentheorien oder der Vorläufer des modernen Rassismus in Büchern, die sich in irgendeiner Weise mit „Rasse, Rassismus oder Rassentheorien" beschäftigen.

Nennenswert sind hierbei zunächst die Analysen im Werk von Detlev Claussen „Was heißt Rassismus" sowie in der Abhandlung von Annegret Kiefer „Das Problem einer jüdischen Rasse". Dabei untersucht Kiefer das Problem einer jüdischen „Rasse" im Zeitraum von 1870 bis 1930 in der traditionellen Anthropologie, bevor sie auf den biologischen Antisemitismus sowie auf das antisemitische Denken in der Anthropologie und der Eugenik eingeht und damit auf den Prozeß der wissenschaftlich sanktionierten Unterdrückung der Juden.

Weitere Analysen finden sich in der strukturellen Untersuchung von Nicoline Hortzitz „Früh-Antisemitismus in Deutschland" zu Wortschatz, Text und Argumentation in antijüdischen Texten, die zwischen 1789 und 1871/72 erschienen sind sowie in dem Buch von Georg L. Mosse „Die Geschichte des Rassismus in Europa", welches versucht, die Geschichte des Rassismus in den Zusammenhang mit der europäischen Geschichte zu stellen. In diesem Buch stellt Mosse die These auf, daß Rassismus keine Seitenerscheinung, sondern ein grundlegendes Element der europäischen Kulturentwicklung gewesen ist. Der moderne Rassismus würde denselben Quellen entspringen, die auch die Grundströmungen moderner europäischer Kultur gespeist haben.

Darüber hinaus sind die Analysen in den schon erwähnten Werken von Patrick von zur Mühlen „Rassenideologien" und Léon Poliakov/Christian Delacampagne/Patrick Girard „Über den Rassismus" zu beachten.

Über die Gründe hierfür, daß es keine neueren Monographien über Gobineau gibt, kann nur spekuliert werden. Zum einen könnte es daran liegen, daß man bei der Suche nach den Vorläufern des modernen Rassismus und der späteren Rassenideologie des Dritten Reiches eher den Einfluß Chamberlains und Wagners als den Gobineaus untersucht hat. Zum anderen könnte es aber auch daran liegen, daß, ohne etwas vorwegzunehmen, sich die heutigen Autoren über Gobineau und seine Bedeutung im großen und ganzen einig sind. Gerade deswegen erscheint es aber lohnenswert, sich mit Gobineau auseinanderzusetzen.

Neben der bisher aufgeführten Literatur wird weiterhin die im Literaturverzeichnis angegebene Literatur herangezogen. Der im Mittelpunkt dieser Arbeit stehende „Essai" liegt dabei als deutsche Übersetzung von R. Kempf aus dem Jahr 1935 vor.

3. Problematik des Rassenbegriffs[12]

3.1. Herleitung des Rassenbegriffs

Das Wort „Rasse" existierte schon lange in der Umgangssprache, bevor der erste Versuch unternommen wurde, das Wort wissenschaftlich zu definieren. Aus diesem Grund hatte die Unschärfe des Rassenbegriffs Tradition. Heute ist man der Ansicht, daß sich das Wort „Rasse" etymologisch herleiten läßt.[13]

Es geht auf entsprechende Formen in romanischen Sprachen seit dem 13. Jahrhundert zurück. Etymologisch betrachtet, stammt der Rassenbegriff vom lateinischen ‚ratio', vermittelt über das italienische Wort ‚razza'[14], was auch soviel wie ‚Sorte' oder ‚Art' bedeutet. Seit dem Ende des 15. Jahrhunderts existierte ‚race' im Französischen, von wo aus es später auch ins Englische und Deutsche mit gleicher Schreibweise gelangte. Die Rezeption des französischen Begriffs in Deutschland begann dabei im 18. Jahrhundert.[15] Doch scheint es so, daß er sich erst seit Kant wirklich in die deutsche Sprache eingebürgert hat.

Indessen findet man in früheren französischen Wörterbüchern eine ganz andere Etymologie, verbunden mit einem anderen Inhalt, einer anderen Bedeutung des Wortes. Der „Thrésor de la langue française" von François Tant aus dem Jahr 1606 leitet ‚race' vom lateinischen ‚radix' her:

---

[12] Bevor auf die Problematik des Rassenbegriffs sowie auf die Themenbereiche Rassismus und Rassenkonflikte (Kapitel 4 dieser Arbeit) eingegangen wird, sollte man sich vor Augen halten, daß „jeder Versuch, eine Geschichte des Rassismus zu schreiben, [...] vor den Problemen [steht], die sich beim gegenwärtigen Forschungs-, Wissens- und Reflektionsstand mit einem schmalen Band einführenden Charakters nicht lösen lassen. So ist sich die Fachliteratur einig, daß eine befriedigende Definition von «Rasse» und Rassismus noch nicht gefunden ist." GEISS, S. 9. Diese Aussage beweist auch heute noch Gültigkeit.
[13] Vgl. hierzu und im folgenden SCHÜTZ, S. 34 ff, GEISS, S. 14 ff *sowie* YOUNG, S. 31 ff.
[14] Im Spanischen heißt es ‚raza', im Portugiesischen ‚raça'.
[15] Erst im 19. Jahrhundert wurde das Wort ‚race' als „Rasse" eingedeutscht.

„Race vient de radix, racine, et fait allusion à l'extraction d'un homme, d'un chien, d'un che-
val; on les dit de bonne ou de mauvaise race."[16]

Und im „Dictionnaire universel" von Furetière aus dem Jahr 1727 heißt es:

„Race: lignée, tous ceux qui viennent d'une même famille; génération continuée de père en
fils; se dit tant des ascendants que des descendants; vient de radix, racine, pour indiquer la gé-
néalogie."[17]

Damit beinhaltete das Wort „Rasse" von Anfang an zwei verschiedene Bedeutungen.
Man konnte das Wort einmal verwenden, um zu klassifizieren. In diesem Zusammenhang bezeichnete man mit „Rasse" eine Sorte oder Art. Andererseits konnte man dieses
Wort auch verwenden, um zu genealogisieren. Verwandte man das Wort „Rasse" in
diesem Kontext, so konnte man es gleichsetzen mit Abstammung, Herkunft oder Wurzel.

In bezug auf den Menschen schien der Begriff der „Rasse" zunächst nur in der zweiten
Bedeutung anwendbar gewesen zu sein, also im Sinne von Abstammung, Stamm, Familie, Geschlecht. Verstand man „Rasse" in diesem Sinne, konnte man den Begriff auch
mit Werturteilen verbinden. Dabei wurde der Begriff zu einem wesentlichen Bestandteil
des Adels, und zwar sowohl der einzelnen adeligen Familien als auch des Adels als
Stand selbst. Die Qualität der Zugehörigkeit zu einer guten oder edlen „Rasse" folgte
dabei einem maskulinen, patriarchalischen Prinzip, da sich diese Qualität, zusammen
mit dem Namen der Familie, vom Vater auf den Sohn vererbte.

Für die historischen Rassentheorien war, wie man später noch sehen wird, dieser genealogische Aspekt des Wortes konstitutiv. Für die Herausbildung der Anthropologie spielte jedoch der erste Aspekt, der klassifikatorische, die Hauptrolle. Der Arzt und Reisende
François Bernier (1620-1688) war wohl der erste Autor, der den Rassenbegriff in diesem Sinne auf den Menschen anwandte. So erschien 1684 im *Journal des savants* seine
„Nouvelle division de la terre, par les différentes espèces ou races d'hommes qui
l'habitent". Bernier unterschied vier „Rassen", nämlich die Europäer, die Afrikaner, die

---

[16] TANT, F. (1606), zit. nach Schütz, S. 34.

Asiaten und die Lappländer. Seine Rasseneinteilung sollte Grundlage einer neuen geographischen Einteilung der Erde sein.[18]

Eine noch weiter über die romanischen Anfänge zurückgehende Etymologie ist umstritten, so daß nur Hypothesen möglich sind. Der realhistorische Zusammenhang legt die Ableitung aus dem arabischen Wort ‚Ras' nahe – Kopf, Haupt, (Ober-) Haupt eines Clans oder Stammes, übertragen auch Abstammung. Die älteste bekannte europäische Wurzel des Wortes „Rasse" im Spanien der Reconquista (1064-1492) ‚raza' würde sich damit zwanglos als Hispanisierung des arabischen ‚Ras' erweisen und das vielfältige Spektrum seiner Bedeutungen erklären, nämlich Abstammung, zunächst meist vornehmen, adligen Geschlechts, auch Dynastie, Königshaus. Im weiteren Sinn stand ‚raza'/‚race' als Synonym für Generation innerhalb einer adeligen Familie zum Nachweis adeliger Abstammung.

3.2. Biologischer und soziologischer Rassenbegriff

In vielen antisemitischen Reden oder Druckwerken wird Bezug genommen auf die Begriffe „Rasse"[19] und Kultur, die so unbestimmt und allumfassend klingen. Ohne auf alle bisher vorgelegten Definitionen eingehen zu können, sieht die Soziologie die Kultur als ein komplexes Ganzes an, in dem alles enthalten ist, was Menschen denken, tun, fühlen oder besitzen. Nach Silbermann[20] lassen sich deshalb heraufbeschworene Unterschiede

---

[17] FURETIÈRE (1727), zit. nach ebenda, S. 35.

[18] Vgl. diesbezüglich die Ausführungen in Kapitel 3.3 und 3.4 dieser Arbeit.

[19] „Die Absurdität des Rassismus erhöht sich noch durch die Unmöglichkeit, sich irgendwie auf eine allgemeingültige Definition für »Rasse« festzulegen: Fast jeder der zahlreichen Autoren und Theoretiker hat seinen eigenen »Rassen«-Begriff." GEISS, S. 38. Darüber hinaus reicht bei der Klassifizierung der „Rassen" durch diverse Autoren die Anzahl dieser von einer „Rasse" bis zu dreiundsechzig verschiedenen „Rassen". Vgl. EBENDA, S. 38 f. Poliakov geht bezüglich der Anzahl der möglichen „Rassen" sogar noch einen Schritt weiter: „Nun zeigt eine Überschlagsrechnung, daß, wenn man nur etwa zwanzig der erblichen Merkmale nimmt – ihre Anzahl ist unendlich viel größer –, die verschiedenen Kombinationen, die sie miteinander bilden können, beinahe eine Million erreichen, und daraus müßte man auf eine Million von „Menschenrassen" schließen." POLIAKOV, L./DELACAMPAGNE, C./GIRARD, P.: Über den Rassismus: 16 Kapitel zur Anatomie, Geschichte und Deutung des Rassenwahns. Mit einer Einleitung von Philipp Wolff-Windegg, Frankfurt/Berlin/Wien 1984, S. 17. Und die Soziologin Colette Guillaumin schreibt: „Im Grenzfall bildet jedes Individuum mit seiner spezifischen Zusammensetzung von Rassenmerkmalen eine Rasse für sich." GUILLAUMIN, C., zit. nach ebenda.

[20] Vgl. hierzu und im folgenden SILBERMANN, A.: Der ungeliebte Jude. Zur Soziologie des Antisemitismus (Texte + Thesen; 134), Zürich 1981, S. 23 ff, 63 ff.

im Niveau der Fertigkeiten verschiedener Gruppen nur kulturell und nicht biologisch in der Form von Rassenunterschieden erklären.

Die „Rasse" ist im Vergleich dazu (in bezug auf die biologische Sichtweise zur Rassen- frage) eine Gruppe von Menschen, denen gewisse vererbte physische Charakteristika zu eigen sind, die dazu dienen können, sie von anderen Gruppen zu unterscheiden. Dabei dürfen Kultur und „Rasse" nicht verwechselt werden. Wenn nämlich im Begriff Kultur ausschließlich Bestrebungen nach Veredelung, Verfeinerung und Formung der Persön- lichkeit unter Bändigung und Sublimierung der menschlichen Triebnatur gesehen wer- den, dann ist es ein nächster Schritt, fälschlicherweise zu unterstellen, daß sich Rassen- unterschiede im Typ der Kultur, in nationalen Anschauungsweisen und anderen Eigen- schaften des sozialen Verhaltens widerspiegeln.

Es ist zwar richtig, daß Bevölkerungsgruppen in gewissen Graden Unterschiede bezüg- lich physischer Charakteristika aufweisen und auch ihre kulturellen Praktiken offen- sichtlich verschieden sind – aber der Beweis, daß eine Kultur von den angeborenen Qualitäten einer menschlichen „Rasse" abhängig ist, konnte bisher nicht erbracht wer- den. Denn wenn es wirklich so wäre, würde es in der Welt nicht so viele unterschiedli- che Gruppen geben, die sich im wesentlichen der gleichen Kultur erfreuen. Andererseits gäbe es dann auch nicht in verschiedenen geographischen Teilen der Welt Mitglieder der gleichen „Rasse", die gänzlich unterschiedliche kulturelle Muster aufweisen.

Dabei stellt sich die Frage, ob wir in Anbetracht heutiger Erkenntnisse von Anthropolo- gen, Biologen und Humangenetikern überhaupt noch von „Rassen" im biologischen Sinne sprechen sollten (dürfen) oder ob es nicht richtiger ist, den Rassenbegriff nur in soziologischer Sichtweise zu benutzen. Wippermann[21] kommt in Anlehnung an die Er- kenntnisse heutiger Anthropologen und Humangenetiker zu dem Schluß, daß keine ver- schiedenen „Menschenrassen" existieren. So schreiben auch Cavalli-Sforza:

---

[21] Vgl. WIPPERMANN, W.: Was ist Rassismus? Ideologien, Theorien, Forschungen. In: Barbara Danck- wortt/Thorsten Querg/Claudia Schöningh (Hrsg.): Historische Rassismusforschung: Ideologen, Täter, Opfer. Mit einer Einleitung von Wolfgang Wippermann (Edition Philosophie und Sozialwissenschaft; 30), Hamburg/Berlin 1995, S. 9. Wippermann bezieht sich dabei u. a. auf CAVALLI-SFORZA, L./CAVALLI-SFORZA, F.: Verschieden und doch gleich. Ein Genetiker entzieht dem Rassismus die Grundlage. Aus dem Italienischen von Sylvia Hofer, München 1994.

„Tatsächlich ist bei der Gattung Mensch eine Anwendung des Begriffs ‚Rasse' völlig unsinnig."[22]

Grund hierfür sei, so Cavalli-Sforza, daß alle Menschen in genetischer Hinsicht so unterschiedlich und doch gleichzeitig so ähnlich seien.[23]

Wenn wir heute also von „Rassen" sprechen, meinen wir vor allem den Rassenbegriff in seiner soziologischen Ausdeutung, da es nach heutiger Erkenntnis keine verschiedenen biologischen „Menschenrassen" gibt und es somit falsch ist, den Rassenbegriff in seiner biologistischen Bedeutung zu gebrauchen.[24]

In diesem Falle bedeutet der Ausdruck „Rasse" eine Gruppe von Menschen, denen man einen gemeinsamen Ursprung und infolgedessen gemeinsame Züge – geistige wie körperliche – zuschreibt. Hierbei tritt in der Regel das Problem auf, daß man diese Merkmale, insbesondere wenn es sich um geistige handelt, bei der „Rasse", der man sich selbst zugehörig glaubt, als gut, bei anderen „Rassen" aber als tadelnswert oder sogar verabscheuungswürdig einschätzt.[25]

Es geht im Grunde also darum, daß man das, was man von sich selbst oder einem anderen hält, auf seine eigene Gruppe bzw. andere Gruppen ausdehnt. Was man in Wirklichkeit auf diese Weise bezeichnet, ist eine politische oder kulturelle Gegebenheit, zum Beispiel eine Nation, die aber vom biologischen Standpunkt aus keinerlei Einheitlichkeit aufweist. So schreibt Poliakov:

> „Was jedoch vom soziologischen Standpunkt aus zählt, ist der Glaube an einen gemeinsamen
> und besonderen Ursprung, ein Glaube, der häufig eine Haltung der Feindseligkeit oder der
> Verachtung in bezug auf eine andere Gruppe mit sich bringt – und eben das ist Rassismus."[26]

---

[22] CAVALLI-SFORZA, S. 367. Darüber hinaus betonen sie nochmals, daß die Menschen zwar sichtbare Unterschiede aufweisen, sie sich aber bezüglich ihrer übrigen genetischen Konstitution nur geringfügig voneinander unterscheiden. Vgl. EBENDA, S. 203.

[23] Vgl. EBENDA.

[24] So taucht u. a. in England und Amerika das Wort „Rasse" in bezug auf den Menschen in einigen neueren Lexika und Nachschlagewerken gar nicht mehr auf. Vgl. WIPPERMANN, S. 31. Es wurde auch in der Soziologie der diffuse Begriff der „Rasse" mehr und mehr durch den Terminus der ethnischen Gruppe ersetzt, wodurch zumindest die Betonung physischer Unterschiedlichkeiten zugunsten der Erkenntnis von Menschen als einem vorherrschend kulturellen Geschöpf beseitigt wurde. Vgl. SILBERMANN, S. 24.

[25] Vgl. hierzu und im folgenden POLIAKOV, Über den Rassismus, S. 12 ff.

[26] EBENDA, S. 13.

Poliakov betont, daß dieser Glaube leicht aus Konflikten jeder Art entstehen könne. Als solche Konflikte führt er Rivalitäten, Kriege oder sogar Revolutionen an. So sei die französische Revolution mitunter als Aufstand des gallischen Dritten Standes gegen den fränkischen Adel gewertet worden.[27]

Aufgrund der Tatsache, daß Gobineau den Rassenbegriff in seiner biologischen Bedeutung verwendete,[28] wird im folgenden auf diesen nochmals eingegangen. Der Rassenbegriff in der biologischen Bedeutung[29] meint im Gegensatz zum soziologischen als „Rasse" eine sich selbst reproduzierende Population, welche die Gene anderer Populationen gar nicht oder nur in geringfügigem Maße aufnimmt. Es geht dabei also um den Versuch, in der ungeheuren Vielfalt der Menschen Gruppen aufzuspüren und zu isolieren, die einen gemeinsamen Ursprung aufweisen und sich infolgedessen durch die diesen Gruppen zugehörigen Erbanlagen von anderen Gruppen unterscheiden.

Dennoch kann eine neue „Rasse" entstehen, sofern sehr viele fremde Gene aufgenommen werden, wie dies bei einer großen Einwanderungswelle der Fall sein kann. In diesem Zusammenhang sollte man sich jedoch daran erinnern, daß die Menschwerdung, also das Auftreten der Gattung Mensch (Homo) nur ein einziges Mal, vermutlich in der

---

[27] Wie später noch gezeigt wird, interpretierte Gobineau die Französische Revolution in ähnlicher Weise. Vgl. hierzu auch die Ausführungen von Poliakov zu dem Streit der zwei „Rassen", Gallier und Franken, in Frankreich. Hierbei geht es um die Frage der Abstammung der Franzosen (und deren Wandel im Laufe der Geschichte) aus Sicht der Franzosen, d. h., es wird der Frage nachgegangen, auf welche Genealogien sich die Franzosen im Laufe ihrer Zeit bezogen, auch unter Heranziehung von Ursprungsmythologien. Infolge dieser Genealogien wurden dann sowohl die Revolution von 1789 als auch die Julirevolution von 1830 von vielen als ein Sieg der Gallier, also ein Sieg der Besiegten, der Eroberten, der Unfreien, der Bauern und Bürgerlichen, über die Franken, also über die Sieger, die Eroberer, die Freien, den Adel interpretiert. POLIAKOV, L.: Der arische Mythos. Zu den Quellen von Rassismus und Nationalismus. Aus dem Französischen von Margarete Venjakob und Holger Fliessbach, Hamburg 1993, S. 33-52, insbes. S. 44 ff.
[28] Genauer gesagt verwandte Gobineau einen genealogischen bzw. anthropologischen Rassenbegriff.
[29] Vgl. POLIAKOV, Über den Rassismus, S. 13 ff *sowie* des weiteren zur Problematik der „Rasse" DITTRICH, E. J.: Das Weltbild des Rassismus (Reihe: Migration und Kultur), Frankfurt 1991, der insbesondere auf den Seiten 9-40 auf die „Rasse" als biologisches und als sozialwissenschaftliches Problem eingeht. Vereinfacht läßt sich festhalten, daß sich nach seiner Ansicht biologische Arten durch Vererbung genetischer Eigenschaften, die menschliche Gattung aber durch die Sozialisation ihrer Nachkommenschaft reproduziere. Vgl. hierzu auch WIPPERMANN, S. 30 f. Hier thematisiert Wippermann, unter Bezugnahme auf die Thesen verschiedener englischer und französischer Autoren, wonach heute in Deutschland an die Stelle des bisherigen biologischen Rassismus ein „kulturalistisch" oder „differentialistisch" argumentierender „Neorassismus" getreten sei, im Rahmen der Frage „Was ist Rassismus?" die Begriffe der „biologischen" und „kulturellen Rasse". Die „kulturelle Rasse" basiere dabei auf den kulturellen Unterschieden der Völker, also der kulturellen Differenz. Dabei könne man die einzelnen Völker nach ihrem kulturellen Wert differenzieren. Genau wie der biologische gehe dabei der kulturelle Rassismus von einer unterschiedlichen Wertigkeit der Völker bzw. der „Rassen" aus, so daß man folglich dann auch den Begriff der „kulturellen Rasse" finde.

Gegend der großen afrikanischen Seen, stattgefunden hat.[30] Im Laufe der Zeit haben sich diese Menschen über den gesamten Erdball ausgebreitet und mehr oder weniger voneinander isoliert.[31] Jede hat sich dann, im Rahmen der natürlichen Selektion oder im Fall von kleinen Gruppen durch genetische Abweichungen, die vom Zufall determiniert wurden, auf ihre eigene Weise biologisch entwickelt.[32] Cavalli-Sforza benennt in diesem Zusammenhang drei Evolutionsfaktoren, die wie folgt zusammenhängen:

„Die Mutation schlägt vor, die Auslese wählt aus; der Zufall aber ist ein zusätzlicher Faktor, der sozusagen die Karten neu mischt."[33]

Unter diesen Bedingungen haben die Gruppen von Menschen begonnen, sich bis zu einem gewissen Grad voneinander zu unterscheiden – einem sehr geringen Grad, da sich ja alle Gruppen miteinander vermischen können – und „Rassen" zu bilden.[34] Die

---

[30] Vgl. hierzu auch die Ausführungen von Immanuel Geiss zur Einheit der Menschheit. In Wirklichkeit seien alle rezenten Menschen Homo sapiens sapiens, spätestens seit dem Auftreten des Cro-Magnon-Menschen, ein relativ später Vertreter des Jetztmenschen vor ca. 40.000 Jahren. Alle hätten als intellektuelle Grundausstattung die Fähigkeit zu artikulierter Sprache, gedanklicher Abstraktion und gezieltem Lernen. Darüber hinaus würden nur 1 bis 2 % der an der Fortpflanzung beteiligten Gene die äußerlichen Merkmale eines Menschen generieren. Deshalb sei trotz der vielfältigen Ausdifferenzierungen der Menschheit die grundsätzliche Einheit der Menschheit und des historischen Prozesses zu betonen, auch wenn dies der Rassismus hartnäckig leugne. Dieser behaupte, daß – physisch und äußerlich durchaus unterschiedliche – „Rassen" (Großgruppen, Großpoole) auch in ihren geistigen Fähigkeiten biologisch, d. h. im Prinzip unveränderbar erscheinen. Daraus würden sich Abstufungen geistiger und moralischer Wertigkeiten für „höhere" und „niedere" „Rassen" ergeben. Unterschiedliche geistige Fähigkeiten verschiedener Menschen seien jedoch einerseits auf unzählige individuelle Unterschiede in den Begabungen zurückzuführen. Andererseits böten verschiedene Gesellschaften dem Individuum unterschiedliche Chancen, seine Begabungen wirklich zu entfalten, und zwar in Abhängigkeit des unterschiedlichen kulturellen Entwicklungsstands einer Gesellschaft. Die Gründe für diese Entwicklungsdifferenzen würden dabei nicht auf Rassenunterschieden beruhen, sondern seien das Ergebnis zahlreicher verschiedener Faktoren. GEISS, S. 20 ff.

[31] Vgl. CAVALLI-SFORZA, S. 81, 89 f.

[32] Für die Aufspaltung in größere und kleinere Groß-Gruppen gibt es bezüglich des Wann, Wie und Warum jedoch keine bzw. kaum Anhaltspunkte. Die größten Großgruppen lassen sich als Europiden, Mongoloiden und Negriden unterscheiden. Die Europiden teilen sich vor allem in zwei Hauptzweige auf – Semiten (Araber, Juden) und Indoeuropäer bzw. -germanen mit ihren zahlreichen Verzweigungen, die ebenso vage wie unzutreffend oft auch als Arier bezeichnet werden. Vgl. CAVALLI-SFORZA, S. 50 f, 55, 75 ff sowie S. 200, auf der in einer Karte die wahrscheinlichen Routen des modernen Menschen bei seiner Ausbreitung von Afrika auf die anderen Kontinente dargestellt sind, GEISS, S. 22 ff *sowie* REHORK, J.: Urgeschichte. In: Heinrich Pleticha (Hrsg.): Weltgeschichte in 14 Bänden. Band 1 (Morgen der Menschheit. Vorgeschichte und Frühe Hochkulturen), Berlin/Darmstadt/Wien 1988, S. 25 ff.

[33] CAVALLI-SFORZA, S. 168 f. Vgl. diesbezüglich auch in demselben Werk die detaillierte Darstellung „Warum sind wir verschieden? Die Theorie der Evolution". EBENDA, S. 127-174.

[34] Vgl. hierzu auch die Ausführungen von Immanuel Geiss zur Fiktion der „Rassenreinheit" und der Willkür des „Rassen"-Begriffs, GEISS, S. 38 ff *sowie* die diesbezüglich Ausführungen über „Rassismus und reine Rassen" von CAVALLI-SFORZA, S. 367 ff.

physische Anthropologie wollte die so entstandenen „Rassen" bestimmen und klassifizieren.[35]

3.3. Herausbildung der Anthropologie bis Gobineau

Wie schon angeführt, war der genealogische Aspekt des Wortes „Rasse" für die historischen Rassentheorien konstitutiv. Für die Herausbildung der Anthropologie spielte jedoch der klassifikatorische Aspekt die Hauptrolle. Bernier war der erste Autor, der den Rassenbegriff in diesem Sinne auf den Menschen anwandte.[36] Mit seiner Unterscheidung der „Rassen" nach bestimmten anatomischen Kriterien kündigte sich die Vorgehensweise der späteren rassentypologischen Anthropologie an.[37]

Mit den Versuchen einiger Naturforscher, alle Lebewesen in einem einheitlichen Ordnungssystem unterzubringen, erlebte die Methode der Klassifikation im 18. Jahrhundert ihren großen Aufschwung.[38] Der Schwede Carl von Linné (1707-1778) schuf das bekannteste und für die Biologie einflußreichste System.[39] Zugleich führte er die binäre lateinische Nomenklatur in Zoologie und Botanik ein. Linné sprach allerdings nicht von verschiedenen „Menschenrassen", sondern nannte sie Varietäten.[40] Deren unterschied er

---

[35] An dieser Stelle möchte ich aber nochmals darauf hinweisen, daß die Unterscheidung in biologische „Rassen" und soziologische „Rassen", wie sie früher von den Wissenschaftlern vorgenommen wurde, als überholt gilt, da der biologische Rassenbegriff in der neuesten Forschung abgelehnt wird.

[36] Bernier verwandte den Begriff „Rasse" als Bezeichnung für eine der großen Menschheitsgruppen. In diesem Sinne verstand er „Rasse" als Synonym für „espèce" (Spezie, Art, Gattung) und wertfrei als Instrument analysierender Klassifizierung. Erst mit der Zuordnung geistiger bzw. negativer geistiger und moralischer Eigenschaften zu biologisch angeblich konstanten „Rassen" Ende des 18. Jahrhunderts begann der moderne Rassismus im engeren Sinn. Die Wortschöpfung Rassismus dagegen ist sehr viel jünger. Sie tauchte erst in den 20er Jahren unseres Jahrhunderts in westlichen Ländern auf und verbreitete sich dann vor allem als Folge des wachsenden Antisemitismus in Deutschland und der Nürnberger Gesetze in den 30er Jahren unseres Jahrhunderts. Vgl. GEISS, S. 17 f, S. 24 *sowie* POLIAKOV, Über den Rassismus, S. 44 f.

[37] Vgl. hierzu SCHÜTZ, S. 34 ff, mit seinen Ausführungen zur positivistischen Anthropologie *sowie* Blanckaert, C.: On the origins of french ethnology. In: Georg W. Stocking jr. (Hrsg.): Bones, Bodies, Behavior. Essays on biological anthropology (History of anthropology; Bd. 5), Madison/London 1988, S. 18-55.

[38] Ausgehend von der anfangs durchaus sinnvollen Aufteilung der Menschheit in Groß-Gruppen nach äußeren Merkmalen, von Bernier bis Kant, verengte sich die Definition von „Rasse" immer weiter, über Unterteilungen der Europiden, die an sich nur sprachlich zu unterscheiden waren (Indoeuropäer/Arier; Semiten), bis zur nationalen völkischen Ebene. Vgl. GEISS, S. 39.

[39] Vgl. hierzu auch EBENDA, S. 24.

[40] Auf ihn geht auch die heute noch übliche Nomenklatur zurück, nach der ein lebender Organismus mit zwei lateinischen Namen bezeichnet wird: Der erste ist der Name der Gattung, das heißt einer Gruppe von verwandten Arten, der zweite ist der Name der Art, die definiert wird als die Gesamtheit jener In-

vier: den Europäer, den Amerikaner, den Asiaten und den Afrikaner. Seine Unterscheidungskriterien waren dabei nicht allein morphologischer, sondern auch kultureller Art.

Den Begriff der „Menschenrasse" benutzte hingegen der französische Naturforscher G. de Buffon (1707-1788). Darüber hinaus war er der erste, der diesen Begriff als naturwissenschaftlichen Fachterminus eindeutig zu definieren versuchte. Bei ihm waren „Rassen" relativ stabile Varietäten ein und derselben Art, die unter bestimmten gleichbleibenden Milieueinflüssen entstanden seien.

Obwohl Buffon sich etwas dynamischere Vorstellungen von der Natur machte als sein ausschließlich in feststehenden Kategorien denkender schwedischer Kollege, galten auch ihm prinzipiell die Kluften zwischen den biologischen Arten (espèces) als unüberbrückbar. Führte er doch, wie Linné, der biblischen Überlieferung folgend, deren Entstehung auf einen göttlichen Schöpfungsakt zurück. Damit wurde der Spezies als solcher ein quasi übernatürlicher Status zugesprochen.

Beide, Buffon und Linné, waren die Wegbereiter der klassischen monogenetischen[41] Anthropologie.[42] Diese zunächst mehrheitliche Richtung ging von einer gemeinsamen Abstammung aller „Menschenrassen" und von ihrer Zugehörigkeit zur Spezies Homo sapiens aus. Das hieß in letzter Konsequenz und sofern ihre Anhänger ausdrücklich bibeltreu waren, daß alle Menschen von dem Urpaar Adam und Eva und dem Patriarchen Noah abstammten.[43]

---

dividuen, die fähig sind, Nachkommen hervorzubringen, die ihrerseits wieder fruchtbare Nachkommen haben. Vgl. CAVALLI-SFORZA, S. 74.

[41] Monogenese ist die biologische Theorie von der Herleitung jeder gegebenen Gruppe von Lebewesen aus je einer gemeinsamen Urform (Stammform), im Gegensatz zur Polygenese, als biologische Theorie von der stammesgeschichtlichen Herleitung jeder gegebenen Gruppe von Lebewesen aus jeweils mehreren Stammformen.

[42] Hierbei ist anzumerken, daß die Geschichte, die Geographie, die Religionswissenschaft und die Ethnographie bestätigen, daß sich jede Gesellschaft auf eine Genealogie, auf einen Ursprung beruft. Es gibt keine Kultur, die sich nicht auf diese Weise eine „spontane Anthropologie" schafft. Von diesem Standpunkt aus gesehen ist die Vorgeschichte der Anthropologie lang, ebenso lang wie die Menschheitsgeschichte. Die Geschichte der Menschen muß daher mit der Menschwerdung begonnen haben. Dabei „stammen" die Mitglieder einer Menschengruppe von einem Gott, einem Heros oder einem Tier ab. Der genealogische Mythos ist also die Urform des historischen Denkens. Vgl. POLIAKOV, Der arische Mythos, S. 17. Vgl. des weiteren zur Anthropologie der Aufklärung die Ausführungen Poliakovs zu den Monogenetikern EBENDA, S. 179 ff.

[43] Durch die moderne Archäologie und Frühgeschichtsforschung wird die damit implizierte Lehre der Monogenese bestätigt und ist heute Konsens aller ernstzunehmenden Wissenschaft. Nach unserem bisherigen Wissensstand sind die Anfänge der Menschheit in einer Region zu suchen, im südlichen Ostafrika, und alle bisherigen Funde menschlicher Überreste außerhalb dieses Ausgangspunktes sind jünge-

Von Noah führte der Stammbaum zu Japhet, Sem und Ham, zu denen sich manchmal noch ein vierter Bruder, Jonithon oder Manithon, gesellte. Dabei wurde Europa den Kindern Japhets, Asien den Kindern Sems und Afrika den Kindern Hams vorbehalten. Dies war die vorherrschende Strömung der Erzähler der „Mythen", entsprach aber den in der Bibel enthaltenen etymologischen Andeutungen.[44]

Die Entstehung der einzelnen „Rassen" mit ihren beharrlich forterbenden Eigentümlichkeiten wurde von den Monogenisten dann durch den Degenerationen oder Abartungen[45] bewirkenden Umwelteinfluß erklärt. Zu den herausragenden Vertretern des Monogenismus zählten dabei Immanuel Kant (1724-1804), Johann Friedrich Blumenbach (1752-1840) und der Brite James C. Prichard (1786-1848).

Blumenbach[46] entwickelte eine Rassenklassifikation, die den fünf Kontinenten entsprach. In seinem 1790 in Göttingen erschienen Werk „Decas quarta collectionis suae craniorum diversarum gentium illustrata" schuf er eine in der Anthropologie lange gültige Einteilung der Menschen. Er unterschied Kaukasier, Mongolen, Äthiopier, Ameri-

---

ren Datums. Auch der Vorfahre des rezenten Jetztmenschen, Homo sapiens sapiens, entstand vermutlich in einer Region, im Vorderen Orient. Bald danach müssen sich die verschiedenen Groß-Gruppen abgezweigt haben. Damit deutet auch für die Entstehung des Homo sapiens sapiens alles auf die Monogenese hin. Der biblische Schöpfungsbericht könnte daher den realhistorischen Prozeß der zweiten Stufe der Menschwerdung widerspiegeln, stilisiert und abstrahiert. Vgl. GEISS, S. 36 f.

[44] Vgl. POLIAKOV, Der arische Mythos, S. 22. Poliakov weist an dieser Stelle auch darauf hin, daß es bemerkenswert sei, daß die Abkömmlinge Hams nach den Worten der Bibel mit einem geheimnisvollen Fluch belegt wurden. Sie wurden verurteilt, ihren Vettern als Sklaven zu dienen. Immanuel Geiss führt dabei aus, daß der älteste schriftlich fixierte Versuch, sich die Aufspaltung der Menschheit zu erklären, dieser Fluch Noahs über Hams Sohn Kanaan war: „Verflucht sei Kanaan und ein Knecht aller Knechte unter seinen Brüdern!" (1. Mose 9, 25-27). Wie schon erwähnt, galten in Kombination von Genealogie und Volksetymologie die drei Söhne Noahs als Stammväter der dem Alten Orient damals bekannten „Rassen". Die Unterordnung der Nachfahren Hams (Negride) als Sklaven für die Nachfahren seiner beiden Onkeln Japhet (Japhetiten) und Sem (Semiten) ermöglichte später die Umdeutung des Noah-Fluchs im Talmud schon zu Beginn des jüdischen Exils (3./4. Jahrhundert), die später das Christentum und der Islam übernahmen: Schwarze sind von Geburt an zur Sklaverei verurteilt. Damit wurde seit der euroamerikanischen Neuzeit (wie zuvor schon im arabisch-muslimischen Mittelalter) der Noah-Fluch zur biblischen Grundlage der Rechtfertigung von Sklaverei und Inferiorität der Schwarzen. Vgl. GEISS, S. 23.

[45] Es war Immanuel Kant, der den Begriff der Abartung als Äquivalent zum Rassenbegriff vorschlug. KANT, I.: Über den Gebrauch teleologischer Prinzipien in der Philosophie. In: W. WEISCHEDEL (Hrsg.): Immanuel Kant. Werke in zehn Bänden; Bd. 8 (Kritik der Urteilskraft und Schriften zur Naturphilosophie), Darmstadt 1975, S. 144 f.

[46] Vgl. hierzu HORTZITZ, N.: Früh-Antisemitismus in Deutschland (1789-1871/72): Strukturelle Untersuchungen zu Wortschatz, Text und Argumentation (Reihe germanistische Linguistik; 83), Tübingen 1988, S. 97, BITTERLI, U.: Die 'Wilden' und die 'Zivilisierten'. Grundzüge einer Geistes- und Kulturgeschichte der europäisch-überseeischen Begegnung, 2. Auflage, München 1991, S. 211 ff *sowie* GEISS, S. 24, 142 f.

kaner und Malaien. Diese Rassenklassifikation war besonders in Deutschland bis in die zweite Hälfte des 19. Jahrhunderts hinein maßgebend.

In Frankreich dagegen geriet der Monogenismus[47] indes schon sehr früh in die Defensive. Er wurde bedrängt durch die von der Mehrzahl der französischen Anthropologen bald übernommene konkurrierende Hypothese des Polygenismus.[48] Indem sie eine vielheitliche Abstammung der Menschheit und mehr als eine menschliche Spezies annahmen, stellten sich die Anhänger der Polygenese gegen das biblische Dogma.[49] Empirische Grundlage ihrer Theorie war die beobachtete „Permanenz" der „Rassen". Darunter verstanden sie die Tatsache, daß sich Rassenmerkmale von jeher ebenso konstant vererben wie Artmerkmale.[50]

Der Rassenbegriff und der Begriff der Spezies waren damit für die Anhänger dieser Hypothese, u. a. Julien-Joseph Virey und Jean-Baptiste Bory de Saint Vincent[51], weitgehend gleichwertig. Sie leugneten die Relevanz der Fruchtbarkeit als artbegründendes Kriterium und hielten es durchaus für möglich, daß Individuen verschiedener Arten miteinander fruchtbare Nachkommen erzeugen können. Das erlaubte ihnen, etwa Afrikaner und Europäer als zwei verschiedene Arten anzusehen, obwohl es zwischen ihnen offensichtlich eine unbeschränkte Fertilität gibt.

---

[47] Anzumerken ist hierbei, daß um die zwei evolutionstheoretischen Positionen herum, die monogenetische und die polygenetische, die Entwicklung der Naturwissenschaften und mit ihr die Entwicklung der Anthropologie kreist. Die Biologen, Anthropologen und Philosophen des 18. Jahrhunderts, so z. B. Herder, Kant, Montesquieu, Voltaire, Buffon, Camper, Sömmering und Blumenbach, waren zumeist Monogenisten, wenn auch die Argumentationsketten der einzelnen Autoren unterschiedlich waren. Vgl. BITTERLI, S. 327 ff.

[48] Die Kontroverse zwischen Monogenese und Polygenese ist grundlegend für die Frage nach der Einheit der Menschheit. Da der Rassismus grundsätzliche Gemeinsamkeiten der Menschheit leugnet und Menschen als außer- oder unterhalb der Menschheit stehend klassifiziert, spitzt sich alles auf die Frage zu: Was ist ein Mensch? Um dies zu beantworten, bedarf es der Kenntnis über die Abstammung der Menschheit. Vgl. hierzu auch GEISS, S. 35 ff. Auch wenn der Rassismus hinter dem Schleier angeblicher Andersartigkeit die Anderswertigkeit anderer „Rassen" postuliert, so mag er doch ihr „Menschsein" nicht bestreiten. Vgl. hierzu auch Kap. 4.1 dieser Arbeit.

[49] Die These der Polygenese versuchte die Existenz zahlreicher, bisher unbekannter Völker zu erklären, die jenseits des geographischen wie religiösen Einzugsbereiches des biblischen Gottes und seiner Schöpfung lebten. Dabei liefen die Schlußfolgerungen der Polygenese auf die Auflösung der prinzipiellen Einheit der Menschheit hinaus. Vgl. GEISS, S. 37.

[50] Die Annahme der Typenkonstanz beim Menschen wurde auch von Gobineau vertreten. Vgl. Kapitel 7.2 dieser Arbeit.

[51] Vgl. zur Anthropologie Saint-Vincents, der insgesamt zwischen fünfzehn separat erschaffenen Menschenarten unterschied, POLIAKOV, Der arische Mythos, S. 250.

Die Ursprünge der These eines Polygenismus finden sich indes schon im 16. und 17. Jahrhundert wieder.[52] Infolge der Entdeckung Amerikas und der Frage, ob die Indios von Adam abstammten oder nicht, ließen sich doch in der Bibel keinerlei Hinweise auf sie finden, wurden Überlegungen über eine vielheitliche Abstammung der Menschheit aufgeworfen.[53]

Es war ein französischer Hugenotte jüdischen Ursprungs, zum Katholizismus bekehrt, der in einer Schrift über die Prä-Adamiten[54] die These eines Polygenismus der Menschen vertrat: Isaac de La Peyrère (1596-1676).[55] Gemäß seiner Schrift hatten die Menschen verschiedene Ursprünge und nicht nur einen. Unter Berufung auf die Genesis behauptete er, nur die Juden stammten von Adam ab, alle anderen Völker der Erde jedoch von vor ihm geschaffenen Menschen, den Prä-Adamiten.

So wurde La Peyrère zum Urheber einer neuen Anthropologie, die die polygenetische These verwandte, um eine Aufteilung der Menschheit in verschiedene „Rassen" zu etablieren. Dies hatte auch Bernier auf seine Weise durch seine Veröffentlichung des schon erwähnten Artikels im *Journal des savants* versucht.[56] In diesem Artikel schrieb Bernier unter anderem:

> „Ich habe festgestellt, daß es vor allem vier oder fünf Arten oder Rassen von Menschen gibt, die sich so sehr voneinander unterscheiden, daß diese Unterschiede als tragfähiges Fundament für eine neue Aufteilung der Erde dienen können."[57]

Der Polygenismus wirkte noch gegen Ende des 19. Jahrhunderts in der dann – nicht allein in Frankreich – vorherrschenden positivistischen Anthropologie Paul Brocas[58] und seiner Schule nach. Paul Broca (1824-1880), französischer Chirurg, erhob durch

---

[52] Vgl. hierzu POLIAKOV, Über den Rassismus, S. 69 ff.
[53] Vgl. hierzu auch die entsprechenden Ausführungen im Kapitel 5.2 dieser Arbeit.
[54] Jedoch existierten auch vor La Peyrère schon vereinzelt Überlegungen und Konzeptionen, die die biblische Doktrin der Einheit des Menschengeschlechts in Zweifel zogen und von Menschen ausgingen, die vor Adam gelebt hätten. Die Theorie der Einheit des Menschengeschlechts wurde somit schon so lange in Zweifel gezogen, wie es sie gab, und das bereits vor der Entdeckung neuer, exotischer Kontinente. Vgl. hierzu POLIAKOV, Der arische Mythos, S. 153 ff. Vgl. des weiteren zu den Polygenetikern zur Zeit der Anthropologie der Aufklärung EBENDA, S. 201 ff.
[55] Vgl. hierzu POLIAKOV, Über den Rassismus, S. 71 ff, POLIAKOV, Der arische Mythos, S. 155 f *sowie* BITTERLI, S. 327.
[56] Vgl. hierzu auch weiter oben.
[57] BERNIER, F. (1684), zit. nach Poliakov, Über den Rassismus, S. 72.

sein Wirken diese positivistische Anthropologie in den Rang einer anerkannten Wissenschaft. Durch ihn kam es 1859 in Paris zur Bildung der ersten anthropologischen Gesellschaft, der Société d'Anthropologie, eine Gelehrtenversammlung, die für ähnliche Gründungen in London (1863), Moskau (1863), Berlin (1869) und anderen Ländern beispielgebend war.

Broca formte diese Wissenschaft nach seinen eigenen Vorstellungen und zog viele junge Forscher aus der ganzen Welt an. In Frankreich selbst gab es bald überhaupt nur noch einen namhaften Anthropologen, der eine von Broca unabhängige Position bekleidete. Dies war Armand de Quatrefages (1810-1892), einer der letzten klassischen Monogenisten unter den Anthropologen.[59] Jedoch stand vor allem die nachwachsende Wissenschaftlergeneration ganz unter Brocas Einfluß.[60]

3.4. Entwicklung der anthropologischen Methoden bis Gobineau

Schon lange vor Broca erschöpften sich die anthropologischen Methoden nicht mehr einfach in der Lektüre von Reiseberichten und der anschließenden Aufstellung von Rassenklassifikationen. Die Methoden hatten sich seit den Anfängen der Anthropologie weiterentwickelt. Dabei rückte der Kopf des Menschen als Unterscheidungskriterium immer mehr in den Mittelpunkt des anthropologischen Interesses.[61]
Schon im ausgehenden 18. Jahrhundert diskutierte man das Problem der physiologischen, anatomischen, aber auch der moralischen Unterscheidbarkeit menschlicher Gruppen und beschäftigte sich mit der Frage, nach welchen Kriterien eine solche Differenzierung vorzunehmen sei. Das Streben nach einem objektiven Verständnis der Naturgeschichte des Menschen und der Andersartigkeit fremder „Rassen" und Völker bestimmte Denken und Forschen der Gelehrten dieser Zeit.

---

[58] Vgl. hierzu auch GOULD, ST. J.: Der falsch vermessene Mensch (Suhrkamp-Taschenbuch Wissenschaft; 583), Frankfurt 1988, S. 73 ff.
[59] Vgl. zu Quatrefages, der die Abschaffung der Sklaverei wünschte – allerdings wegen der Sittenlosigkeit, die sie bei den Weißen zwangsläufig mit sich bringen würde und nicht aufgrund irgendeiner „Sympathie" für die schwarze „Rasse", POLIAKOV, Der arische Mythos, S. 251.
[60] Vgl. zur weiteren Entwicklung der französischen positivistischen Anthropologie und deren Niedergang nach Brocas Tod, als deren theoretischen Defizite langsam offenbar wurden, SCHÜTZ, S. 39 ff.
[61] Vgl. EBENDA, S. 37.

Unter der Vorstellung, daß die menschliche Natur mit derselben Genauigkeit studiert werden müsse wie Tiere und Pflanzen, konzentrierte man sich auf die systematische und möglichst exakte Beschreibung der menschlichen Physis. Die vergleichende Anatomie gewann zur Erforschung der körperlichen Eigenarten von Menschen verschiedener Abstammung zunehmend an Bedeutung.[62]

Für diese Entwicklung gab es zwei Gründe. Zum einen existierten tatsächlich nicht unbeträchtliche Verschiedenheiten in der äußeren Kopf- bzw. Schädelform unter den Menschen. Diese ließen sich zudem viel exakter messen und klassifizieren als etwa die Farbnuancen der menschlichen Haut. Zum anderen war das menschliche Gehirn als Nervenzentrum und eigentlicher Sitz des menschlichen Gefühls- und Geisteslebens identifiziert worden. Dies verleitete die positivistischen Anthropologen zu dem Schluß, daß sich intellektuelle und charakterliche Eigenschaften in der Form des Gehirns und seiner knöchernen Schale ausdrücken müßten.[63]

Damit folgten sie dem Beispiel des deutschen Arztes Franz Joseph Gall (1758-1828), das er durch seine Phrenologie[64] gegeben hatte. Seit den 90er Jahren des 18. Jahrhunderts war Gall bemüht gewesen, eine Charakterwissenschaft als Schädellehre zu entwickeln. Er wollte also den Charakter eines Menschen aufgrund anatomischer Grundlagen feststellen. Obwohl er kaum wirkliche Erkenntnisse gewinnen konnte, hatte er mit seinen Hypothesen, vor allem in Frankreich, großen Erfolg.[65]

Ähnlich wie die Physiognomik seines Vorgängers Johann Caspar Lavater[66] (1741-1801), die statt aus der Schädelform den Charakter aus den Gesichtszügen eines Menschen ablesen wollte, war Galls Phrenologie integraler Bestandteil des bürgerlichen Allgemeinwissens des 19. Jahrhunderts. Und obwohl sich beide, die Physiognomik sowie die Phrenologie, aufgrund mangelnder Seriosität als Wissenschaft nicht etablierten,

---

[62] Vgl. HORTZITZ, S. 9.
[63] Durch das Aufkommen einer messenden und klassifizierenden Anthropologie mit wissenschaftlichem Anspruch spielten damit bei der Klassifizierung Umfang und Form des Schädels eine Rolle. Jedoch besagen quantitative Angaben über die Größe der Hirnschale noch nichts über inhaltliche Qualität, weder für die Individuen noch für „Rassen". Darüber hinaus ist innerhalb einer gewissen individuellen Toleranz bei allen „Rassen" die Gehirnmasse des Jetztmenschen durchschnittlich gleich groß. Vgl. GEISS, S. 39.
[64] Phrenologie ist die (heute) als irrig erwiesene Anschauung, daß aus den Schädelformen auf bestimmte geistig-seelische Veranlagungen zu schließen sei.
[65] Vgl. SCHÜTZ, S. 37 f.

zeigten sich doch zahlreiche Wissenschaftler von ihnen beeinflußt. In erster Linie galt dies für die Anthropologen.

Auch wenn Gall das Individuum und nicht die „Rasse" als Bezugsmittelpunkt hatte, wurde doch die Grundüberzeugung, daß die inneren Werte eines Menschen irgendwie mit seiner Kopfform in Korrelation stehen mußten, von den Anthropologen stillschweigend übernommen.[67]

Schon Blumenbach[68] hatte das Messen von Schädeln betrieben und die Kraniologie, die Lehre vom Schädelbau, als anthropologische Unterdisziplin begründet. Mit seinen Arbeiten wurde der Göttinger Naturforscher in dieser Zeit richtungsweisend für die weitere Entwicklung der naturwissenschaftlichen Anthropologie. Seine anatomischen Studien zeichneten sich durch eine exakte Beobachtung und durch Vollständigkeit in der Beschreibung, insbesondere am knöchernen Schädel, aus. Er gilt als der eigentliche Begründer der menschlichen Rassenkunde und führte die Kraniologie als rassenklassifizierendes Meßverfahren in der Anthropologie ein. Diese sollte die Rassenforschung des gesamten 19. Jahrhunderts entscheidend und schließlich auch einseitig prägen.[69]

Grundlegende Untersuchungen über Wachstum, stammesgeschichtliche Entwicklung und individuelle Ausgestaltung des menschlichen Schädels, aber auch Ansätze zur Beschreibung der rassenmäßigen Unterschiede der Kopfform gingen mit der Entwicklung und dem Ausbau der Kraniologie in den folgenden Jahrzehnten einher. Umfangreiche Schädelsammlungen wurden angelegt, die Meß- und Beobachtungstechnik verfeinert. Dabei wurde selten die einseitige Konzentration auf den Schädel näher begründet. Unausgesprochen scheint dabei eine Rolle gespielt zu haben, daß dem Kopf des Menschen als Sitz des Gehirns, des menschlichen Geistes und Spiegel der Persönlichkeit eine besondere Rolle zukam.[70]

Durch den sogenannten Kopf- oder Schädelindex, mit welchen die Menschheit in langköpfige (dolichocephale) und kurzköpfige (brachycephale) „Rassen" eingeteilt werden

---

[66] Vgl. zu Lavater auch BITTERLI, S. 356 ff.
[67] Vgl. SCHÜTZ, S. 38
[68] Vgl. zu Blumenbach auch BITTERLI, S. 349 ff.
[69] Vgl. HORTZITZ, S. 9.
[70] Vgl. EBENDA, S. 9 f.

konnten, bereicherte der Schwede Anders Retzius[71] (1796-1860) im Jahr 1842 die kra-
niologische Methodik.[72] Dieser sogenannte Längen-Breitenindex gewann rasch typen-
bzw. rassenspezifische Bedeutung und zwar aus den kraniologischen Vergleichsstudien,
die sich seit der Mitte des 19. Jahrhunderts häuften. Dadurch erhoffte man sich, die
Kopfform als ein konstantes Völker und Stämme unterscheidendes Rassenmerkmal bestimmen zu können.[73]

Das lebhafte Interesse der Anthropologen an der Kraniologie drängte zeitweise das Interesse an den Lebenden vollständig in den Hintergrund. Durch die Vereinheitlichung der
Meß- und Beobachtungstechniken gewann die Kraniologie endgültig den Stellenwert
einer gesicherten Forschungsmethode. Die Auseinandersetzung mit theoretischen Problemen rückte in den Hintergrund. Man konzentrierte sich nunmehr auf die exakte Mate-
rialsammlung, Beobachtung und die Darstellung zahlreicher Daten und Fakten, ohne
diese jedoch in einen größeren Zusammenhang einordnen und deuten zu können.[74]

Die Kraniologie/Kraniometrie entwickelte sich zu einer Wissenschaftsdisziplin von
hoher gesellschaftlicher Relevanz, strebte diese doch an, auf Basis eben dieser Schädelmessungen, bewertende Einordnungen von Menschengruppen mit Hilfe naturwissenschaftlicher Methoden vorzunehmen. In der Kraniometrie verbanden sich somit gesellschaftliche Ordnungsvorstellungen mit quantitativen Daten auf der Basis einer vorherrschenden weltbildlichen Orientierung. Schon damals galten Zahlen als das Nonplusultra
wissenschaftlicher Objektivität.[75]

Diese Entwicklung erreichte mit der Entfaltung des Positivismus in der zweiten Hälfte
des 19. Jahrhunderts ihren Höhepunkt.[76] Methodik und Technik wurden eins. Die Suche
nach Erkenntnis führte, so glaubte man, über die Analyse, Detailkenntnis, Quantifikati-

[71] Vgl. RÖMER, R.: Sprachwissenschaft und Rassenideologie in Deutschland, München 1985, S. 22.
[72] Dieses Unterscheidungsmerkmal verliert aber jede sinnvolle Unterscheidungskraft, wenn man bedenkt,
daß es innerhalb jeder Groß-Gruppe sowohl „lang"- und „kurzschädelige" Menschen als auch Zwi-
schenformen gibt. Vgl. GEISS, S. 39 f.
[73] Vgl. HORTZITZ, S. 10, 171 (Anmerkung 3). Der Längen-Breitenindex drückt die Breite des Schädels
in Prozent seiner Länge aus. Ein Wert bis 75 definierte die dolichocepahl-langköpfige Form, während
die Brachycephalie (Kurzköpfigkeit) ab einem Quotienten von 80 beschrieben wurde. Die von Broca
etwas später eingeführte Mesocephalie, Mittelköpfigkeit, bezeichnete die Indizes zwischen 75 und 80.
[74] So schreibt auch Gould: „Die Schädelmessung war während des 19. Jahrhunderts die führende Zah-
lenwissenschaft des biologischen Determinismus." GOULD, S. 20. Vgl. zu weiteren Einzelheiten der
Kraniometrie EBENDA, S. 73 ff.
[75] Vgl. DITTRICH, S. 20.

on und Summierung möglichst vieler einzelner Daten gleichsam von selbst zur Erfassung des Menschen in seiner Ganzheit, Abstammung, Entwicklungsgeschichte und rassischen Verschiedenheit.[77]

Damit verengte sich die Anthropologie des positivistischen Zeitalters zu einer Anthropometrie, welche wegen ihres selbst verordneten, nahezu vollständigen Verzichts auf fundierte Fragestellungen kaum etwas anderes produzierte als ein immenses Datenmaterial von gemessenen Knochen und Schädeln. Damit umschreibt die Kombination von Messen und Zählen, von Anthropometrie und statistischer Auswertung, einen Großteil der Arbeit der Rassenanthropologie im 19. Jahrhundert.[78]

3.5. Lamarckismus und Darwinismus

Zwei zentrale Begriffe der Abstammungslehre sind die der Selektion und der Vererbung. Die Theorie über die Vererbung geht dabei auf Lamarck und die der Selektion auf Darwin zurück.[79] Die Selektionstheorie Charles Robert Darwins (1809-1882) war von der Abstammungstheorie Lamarcks kaum beeinflußt. Sein Hauptwerk „Die Entstehung der Arten durch natürliche Zuchtauswahl" (1859) stellte einen Wendepunkt in der Geschichte der Biologie dar.[80]

---

[76] Vgl. hierzu auch Kapitel 3.3.

[77] Vgl. HORTZITZ, S. 10 f.

[78] Das Errechnen von statistischen Durchschnittswerten führte außerdem zu einem Verschwimmen des Rassenbegriffs mit dem Begriff des Typus. Vgl. hierzu SCHÜTZ, S. 38 f. Die Beobachtung, daß zwischen einzelnen lokalen Gruppen, in bezug auf die quantitativen Merkmalsunterschiede, keine scharfen Grenzen zu ziehen seien, trug zu den Schwierigkeiten bei, den Begriff der „Rasse" klar zu definieren. Durch Erfassung konstant auftretender und genealogisch verfolgbarer Merkmalskombinationen, wobei eben nur diesen umweltstabilen und konstant vererbbaren Merkmalen rassenklassifikatorische Bedeutung zugemessen wurde, bestimmte man den anthropologischen Durchschnittstypus einer Population, ohne jedoch den Typusbegriff von dem der „Rasse" eindeutig abzugrenzen. Im allgemeinen verstand man beim Menschen unter „Rassen" theoretische Typen, die nach Analyse körperlicher Merkmalseigenschaften aus dem Gros der Individuen einer ethnischen Gruppe abgeleitet wurden, ohne aber – im Gegensatz zu den zoologischen Typen – an allen Individuen eben dieser Gruppe realisiert zu sein. Vgl. HORTZITZ, S. 11 *sowie* MÜHLMANN, W. E.: Geschichte der Anthropologie, 4. Auflage, Wiesbaden 1986, S. 98 f.

[79] Vgl. SCHÜTZ, S. 28 ff. Vgl. zu Darwin auch SHIPMAN, P.: Die Evolution des Rassismus. Gebrauch und Mißbrauch von Wissenschaft. Aus dem Amerikanischen von Sebastian Vogel, Frankfurt 1995, S. 15 ff.

Darwin nahm die Übervölkerungsthese des Nationalökonomen Thomas Robert Malthus, nach welcher jede Bevölkerung dazu tendiere, sich ungeachtet der Begrenztheit der ihr zur Verfügung stehenden Nahrungsmitteln zu vermehren, zum Ausgangspunkt seiner Selektionstheorie. So schrieb er:

> „Da also mehr Individuen ins Leben treten als bestehen können, so muß auf jeden Fall ein Kampf ums Dasein stattfinden, entweder zwischen Individuen derselben oder verschiedener Arten oder zwischen Individuen und äußeren Lebensbedingungen."[81]

Dabei betonte Darwin, daß jede natürliche Variation, wie gering sie auch sein mag und unabhängig davon, wie sie entstanden sei, zur Erhaltung des Individuums beitragen und sich auf seine Nachkommen vererben würde. Diese hätten dann mehr Chancen, am Leben zu bleiben.[82]

Dieses Prinzip, das jede geringfügige, wenn nur nützliche Veränderung, konserviert, nannte Darwin natürliche Selektion. Der eigentliche Kern des Darwinismus liegt dabei in der Annahme, daß die Herausbildung neuer Arten und damit die gesamte natürliche Entwicklungsgeschichte durch das Selektionsprinzip und damit durch die natürliche Auslese zu erklären sei. Die Variation sah Darwin dabei als gegeben an, die Selektion entscheide dann im Kampf ums Dasein, welche sich durchsetzt und welche nicht.

Die Darwinsche Evolutionstheorie war lange Zeit sehr umstritten, da sie eine Ablehnung der biblischen Schöpfungsgeschichte sowie der Sonderstellung des Menschen im biologischen System beinhaltete.

Im Lamarckismus dagegen entstehen die richtigen Variationen aufgrund der Milieueinflüsse und Lebensgewohnheiten. Diese würden dann durch Vererbung bewahrt.[83] Diese erste Abstammungstheorie stammte von Jean-Baptiste de Monet Chevallier de Lamarck (1744-1829) und wurde schon ein halbes Jahrhundert vor Darwins Selektionstheorie

---

[80] Vgl. hierzu auch die Ausführungen von Immanuel Geiss über Darwin und den Sozialdarwinismus. GEISS, S. 170 ff.
[81] DARWIN, C.: Die Entstehung der Arten durch natürliche Zuchtwahl (Reclams Universal-Bibliothek; Bd. 831). Aus dem Englischen von Carl W. Neumann, Leipzig 1990, S. 77.
[82] Vgl. EBENDA, S. 75.
[83] Vgl. SCHÜTZ, S. 31 ff.

formuliert. Der französische Naturforscher begründete eine transformistische Entwicklungslehre, die ganz auf dem Begriff der Vererbung aufbaute.

Kernstück des Lamarckismus ist die (heute als unhaltbar erwiesene) Annahme, daß gewohnheitsmäßige funktionelle Anpassungen der Individuen direkt auf die Nachkommen weitervererbt würden. Eine Akkumulation von immer besseren individuellen Anpassungen über Generationen führe zur Entstehung neuer Arten. Artgemäße Anpassung könne nach Lamarck auf eine erbbedingte Kumulation individueller Anpassungen zurückgeführt werden.

Im lamarckistischen Verständnis der Entwicklungsgeschichte sei daher kein Platz für Mutation und Selektion. Die Hauptfaktoren der natürlichen Variation und ihrer Bewahrung seien die direkte Einwirkung des Milieus, der Lebensgewohnheit und die Vererbung auch erworbener Eigenschaften. Durch Herbert Spencer, der die These der Vererbung erworbener Eigenschaften unter dem Dach seiner allgemeinen Evolutionstheorie in der Biologie verwendete und in die Soziologie überhaupt erstmals einführte, erlangte diese These am Ende des 19. Jahrhunderts eine ungeheure Verbreitung.[84]

3.6. Bildung von Rassenhierarchien bis Gobineau

Schon im Zeitalter der Aufklärung hatte sich die Anthropologie als Wissenschaft zu konstituieren begonnen. Zunächst machten sich die Wissenschaftler – wie oben ausgeführt – an die Klassifizierung der Menschen, an die Katalogisierung im Geiste der erwachenden Naturwissenschaften. Aus diesen Klassifizierungen ging fast immer hervor, daß der Vorrang der weißen „Rasse" gebührte. So wurden im 18. Jahrhundert erstmals Rassenhierarchien aufgestellt.[85]

Das große Problem und damit auch die Gefahr bei der Bildung von Rasseneinteilungen lag darin, daß die Anthropologen des 18. und 19. Jahrhunderts sich nicht darauf be-

---

[84] Vgl. EBENDA, S. 28 ff *sowie* POLIAKOV, Der arische Mythos, S. 244 f.

[85] Vgl. POLIAKOV, Über den Rassismus, S. 76 f *sowie* hierzu auch KIEFER, A.: Das Problem einer „jüdischen Rasse": eine Diskussion zwischen Wissenschaft und Ideologie (1870-1930) (Marburger Schriften zur Medizingeschichte; Bd. 29), Frankfurt/Bern/New York/Paris 1991, S. 9 f. Vgl. außerdem Kapitel 5 dieser Arbeit.

schränkten, die Menschengruppen nur nach ihren physischen Merkmalen zu gliedern, sondern daß sie daraus weitere Schlüsse zogen. Diejenigen, die die Klassifikation vornahmen, maßten sich das Recht an, den zu definierenden Menschengruppen verschiedene Eigenschaften zuzuordnen. Von den physischen Merkmalen schlossen sie auf geistige oder moralische. So stellten sie Hierarchien von „Rassen" auf. Die eigene „Rasse" war die „Rasse" des Fortschritts und der Wissenschaft. Die anderen „Rassen" wurden als minderwertig oder sogar als degeneriert bezeichnet.[86]

Bei der Bildung von Rassenhierarchien spielte auch der Glaube an angeblich nicht oder nur langfristig veränderbare „Rassen" eine Rolle. Da diese „Rassen" mit bestimmten Charaktereigenschaften verknüpft wurden, die höchstens durch biologische Prozesse der Rassenvermischung zu verändern seien, galten die Rassenhierarchien in der Regel als nicht veränderbar. Außerdem gehörte nach damaliger Ansicht zu den zentralen Eigenschaften von „Rassen" ihr Status als entweder überlegene und/oder unterlegene „Rasse".[87]

Diese neue Anthropologie war damit auch die Rechtfertigung für die Sklaverei und koloniale Expansion. So waren die führenden amerikanischen Anthropologen überzeugte Anhänger der Sklaverei. Um ihren Ansichten in dieser Frage ein wissenschaftliches Fundament zu geben, machten sie sich daran, die natürliche Minderwertigkeit der Schwarzen zu beweisen. Der Kolonialismus fand nunmehr seine Rechtfertigung in der Anthropologie.[88]

Damit entstand im Endeffekt aber auch der Rassismus, sei es in Form von Rassenhaß oder Rassendiskriminierung, als eine Erklärungs- und Rechtfertigungsideologie. Dies war eine Ideologie der materiellen, militärischen und technischen Überlegenheit der Europäer seit ihrer Expansion in Übersee. Auf dem Höhepunkt der Aufklärung und zu Beginn der industriellen Revolution bildete sich der Rassismus als ein Ideologiesystem auf beiden Seiten des Atlantiks heraus und erreichte im Imperialismus als höchstem

---

[86] Vgl. POLIAKOV, Über den Rassismus, S. 20.
[87] Vgl. GEISS, S. 15.
[88] Vgl. POLIAKOV, Über den Rassismus, S. 105 ff.

Stadium euroamerikanischer Expansion den Gipfel seiner gemein-euroamerikanischen Ausformung, mit nationalen Varianten in Europa und den USA.[89]

4. Rassenkonflikte, Rassismus und Rassentheorien

4.1. Einige Ausführungen zum Rassismus

Rassismus ist eine moderne Erscheinung.[90] Nach Geiss läßt sich Rassismus als

„[...] Gebäude systematisierender Ideen begreifen – niedergeschrieben und veröffentlicht in Büchern, Aufsätzen, Artikeln und Gesetzen –, das über die zentrale Bedeutung von „Rasse", wie auch immer definiert, in Gesellschaft, Politik und Geschichte Auskunft gibt"[91].

Elemente des Rassismus sind dabei Xenophobie, Endogamie, Adelsstolz und Blutreinheit, Ethnozentrik und Sklaverei.[92]

Seit dem 19. Jahrhundert wurde ein solcher Rassismus allmählich zur Handlungsanweisung für den Umgang mit „rassisch" Andersartigen. In die Praxis umgesetzt wurde sie im 20. Jahrhundert, vor allem im Dritten Reich. In der neuen Welt artikulierte sich Ras-

---

[89] Vgl. GEISS, S. 15. Um die Mitte des 20. Jahrhunderts erreichte der Rassismus in zwei Ländern besondere Höhepunkte, mit unterschiedlichem Grad der Gewaltanwendung: Deutschland mit Auschwitz und Südafrika mit der Politik der Apartheid. Beide sind Extreme der zwei Hauptstränge des euroamerikanischen Rassismus.

[90] Vgl. weiterführend und über den hier behandelten „Inhalts- und Zeitrahmen" weit hinausgehend zum Rassismus in der heutigen Zeit in Europa sowie zu dessen Ursachen und eventuellen Gegenstrategien u. a. auch die Beiträge verschiedener Autoren in dem Sammelband von BUTTERWEGE, C./JÄGER, S. (Hrsg.): Rassismus in Europa, Köln 1992.

[91] GEISS, S. 18. Vgl. zu weiteren Definitionen ausführlich MEMMI, A.: Rassismus (Athenäums Taschenbücher; Bd. 172). Aus dem Französischen von Udo Rennert, Frankfurt 1992, S. 93 ff. Vgl. darüber hinaus als weiterführende Literatur zur Begriffsbestimmung und Formationsgeschichte des Rassismus u. a. NELL, W.: Rassismus und Fremdenfeindlichkeit in Europa. Begriffserklärung und Formationsbestimmung. In: Institut für Sozialpädagogische Forschung Mainz (Hrsg.): Rassismus und Fremdenfeindlichkeit in Europa, Neuwied/Kriftel/Berlin 1997, S. 20-47, zur Geschichte und Theorie des Begriffs Rassismus MILES, R.: Rassismus. Einführung in die Geschichte und Theorie eines Begriffs. Aus dem Englischen von Michael Haupt, Hamburg 1991 *sowie* die Ausführungen über Rassismus, Vorurteile, Diskriminierungen, Stereotypen und Ethnozentrismus bei ZICK, A.: Vorurteile und Rassismus. Eine sozialpsychologische Analyse, Münster/New York/München/Berlin 1997, S. 33-48.

[92] Vgl. zu den Elementen des Rassismus die Ausführungen von Immanuel Geiss. GEISS, S. 27 ff *sowie* Poliakov mit seinen Ausführungen über das rassistische Vorurteil und seinen Erscheinungsformen in POLIAKOV, Über den Rassismus, S. 36 ff.

sismus allerdings schon seit dem späten 18. Jahrhundert als Rechtfertigung der Sklaverei gegen den wachsenden Druck einer aufklärerischen Öffentlichkeit.[93]

Rassismus ist im engeren Sinn ein auf objektive Überlegenheit und subjektives Überlegenheitsgefühl der weißen Euroamerikaner gegenüber ihrer Umwelt seit dem späten 18. Jahrhundert gegründetes Verhalten. Dieses Verhalten ist geprägt durch das Umschlagen von einer bisher noch nicht wertenden zu einer allmählich rassistischen Benutzung des Schlüsselbegriffs „Rasse" seit 1775, also dem Jahr, in dem Kant und Blumenbach den Rassenbegriff in Deutschland einführten.[94] Damit zeichnete sich eine Grenze zwischen dem eigentlichen Rassismus und dem „Proto-Rassismus"[95] ab.

Die Charakterisierung des Rassismus und seine Verknüpfung mit realhistorischen Prozessen gestattet es, durch seine universalhistorische Konzeption als Weltproblem, eine Periodisierung zur Geschichte des Rassismus einzuführen. Dabei lehnen sich die Zäsuren zur Abgrenzung einer weiteren und einer engeren Vorgeschichte eng an große Daten der allgemeinen Weltgeschichte an.

Das große Epochenjahr 1492 eignet sich zur Abgrenzung dieser engeren von der weiteren Vorgeschichte.[96] Die globale Expansion Europas in Übersee durch die Entdeckung Amerikas lieferte wesentliche historische Voraussetzungen zum Aufbau der euroamerikanischen Vormachtstellung. Seit dem späten 18. Jahrhundert vergrößerte sich diese dann vor allem auf der Grundlage der Industrialisierung.

Mit der Industriellen Revolution wurde die industrielle Phase der Zivilisation erreicht. Es ergab sich eine Pyramide oder Hierarchie der Entwicklung zum Fortschritt, in der Höherstehende unter ihnen Stehende verachteten. Dieser „universale Verachtungsmechanismus"[97], gespeist aus dem sozioökonomischen Entwicklungsgefälle, war eine weltweite elementare Voraussetzung für Rassismus und seine Vorformen.[98]

---

[93] Vgl. hierzu und im folgenden GEISS, S. 18 ff.
[94] Vgl. hierzu auch BITTERLI, S. 345 ff. Anzumerken ist dabei, daß Blumenbach gegen jede Diffamation der dunkelhäutigen Rassen eintrat. Vgl. EBENDA, S. 347.
[95] GEISS, S. 19.
[96] Vgl. hierzu auch POLIAKOV, Über den Rassismus, S. 65 ff *sowie* GEISS, S. 109 f.
[97] GEISS, S. 26.
[98] Vgl. hierzu auch die Ausführung von Immanuel Geiss zur Hierarchie sozioökonomischer Entwicklung. EBENDA, S. 25 f. Seit dem Übergang zur Menschheit vor ca. zwei Millionen Jahren bis zur Gegen-

4.2. Euroamerikanischer Rassismus im Kontext des arischen Mythos

Bei der Betrachtung des euroamerikanischen Rassismus muß auch auf den arischen Mythos, und damit auf die Lehre von der angeblich angeborenen und kulturellen Überlegenheit der Arier und ihrer Nachfahren eingegangen werden.[99] Dabei ist zwischen einem realhistorischen Kern und einer ideologisierenden Fiktion sorgfältig zu unterscheiden.[100]

Innerhalb der Europiden (Kaukasier, Weiße) hatten die Indoeuropäer als Vorfahren der
meisten Europäer und Euroamerikaner eine zentrale Stellung inne.[101] Die Indoeuropäer
bzw. -germanen lassen sich nur als kompliziert vielgliedrige Sprachfamilie definieren,[102]
vom Keltischen im Westen bis zum Tocharischen im Osten. Über die Jahrtausende und
Kontinente entwickelten sie sich soweit auseinander, daß sich nur noch allerengste
Verwandte direkt untereinander verständigen können.[103]

„Rassische" Gemeinsamkeiten für alle Indoeuropäer sind unbeweisbar, selbst wenn bei
einigen Gruppen blonde und sehr hellhäutige Typen dominiert haben mögen, wie bei
den Indo-Ariern, Germanen und Kelten. Die Gleichsetzung von Indoeuropäern mit A-
riern ist reine Willkür, erst recht von Ariern mit Germanen.[104]

---

wart gebe und habe es stets Unterschiede im Entwicklungsstand einzelner Gesellschaften gegeben,
Spannungen zwischen Modernisierung und Unterentwicklung, wie sie sich auch noch heute im Aufbau
der Weltgesellschaft widerspiegeln. Diese Unterschiede würden sich aber nicht aus unterschiedlichen
Begabungen der sogenannten „Rasse" ableiten lassen, sondern aus den unterschiedlichen Chancen ihrer Mitglieder zur Entfaltung individueller Fähigkeiten, u. a. auch determiniert durch historische Ereignisse und Prozesse, die die jeweilige „Großgruppe", Nation oder Gesellschaft beeinflußt hätten. Aus
diesen historischen Gründen, und nicht aus biologischen, seien einige dieser Großgruppen im Ent-
wicklungsprozeß zurückgefallen, andere aber hätten aufgeholt oder seien in eine Stagnation ihres Entwicklungsstandes getreten. Dabei führten solche Entwicklungsunterschiede, und damit auch die Vertei-
lung ökonomischer und militärischer Macht, immer wieder zu Eroberungen, die sich oft langfristig in
Herrschafts- und Ausbeutungsstrukturen institutionalisiert hätten.
[99] Vgl. hierzu auch EBENDA, S. 162 ff mit seinen Ausführungen zum Arier-Komplex.
[100] Vgl. EBENDA, S. 40.
[101] Vgl. zur Abstammung der Indogermanen detailliert KILIAN, L.: Zum Ursprung der Indogermanen.
Forschungen aus Linguistik, Prähistorie und Anthropologie (Habelt-Sachbuch; Bd. 3), Bonn 1983
sowie SCHERER, A. (Hrsg.): Die Urheimat der Indogermanen (Wege der Forschung; Bd. 166),
Darmstadt 1968.
[102] Vgl. hierzu auch RÖMER, S. 49 ff.
[103] Vgl. hierzu GEISS, S. 40.
[104] Vgl. EBENDA.

Bei der Suche nach den Ursprüngen hierfür muß man ins 18. Jahrhundert zurückgehen. Schon 1787 bezeichnete Eichhorn verwandte, vormals orientalische Sprachen genannte Sprachgruppen als semitische Sprachen.[105] In der Mitte des 19. Jahrhunderts übertrug der Sprachforscher Max Müller das Sanskritwort[106] „Arier"[107] auf indogermanische Sprachgruppen. Die Völker, die dieser Sprachgemeinschaft angehörten, nannte er „arische Rassen".[108]

Zwar war der Begriff der „Rasse" noch nicht eindeutig von dem Begriff der Volksgemeinschaft abgegrenzt, jedoch hatte man beiden Begriffen ein gleiches Kriterium zugrunde gelegt. Es war das Kriterium der ethnischen Einheit durch genealogische Abfolge. Diese Einheit schien durch die Sprache manifestiert. Die Suche nach den Ursprüngen der Sprache verband sich so mit dem Versuch, die Wurzeln der „Rasse" freizulegen und den Weg eines Volkes durch die Geschichte zu verfolgen.

Durch diese linguistisch-ethnographische Begriffsgleichsetzung[109] der Unterscheidung in semitische und arische Sprachfamilien mit „arischen" und „semitischen Rassen" wurde eine ethnische Differenzierung der arische und semitische Sprachen sprechenden Völker vorgenommen. Da die gemeinsame Sprachkultur als Kennzeichen der gleichen Abstammung und ethnischen Verwandtschaft einzelner Völker galt, so implizierten diese einzelnen Sprachstämme deren physische und kulturelle Verschiedenheit.[110]

---

[105] Nach Römer soll jedoch schon Leibnitz von semitischen Sprachen gesprochen haben. Darüber hinaus merkt sie an, daß nach anderer Auffassung zuerst August Ludwig von Schlözer 1781 den Ausdruck „semitisch" auf Sprachen angewandt habe. Vgl. RÖMER, S. 60.

[106] Sanskrit ist die in Indien als Literatur- und Gelehrtensprache verwendete altindische Sprache. Vgl. MEYERS, „Sanskrit" *sowie* CAVALLI-SFORZA, S. 256 f.

[107] Arier bedeutet in der Sanskrit-Sprache „Edler". Ursprünglich war dies ein Angehöriger frühgeschichtlicher Völker mit indogermanischer Sprache in Indien und im Iran. Vgl. MEYERS, „Arier", POLIAKOV, Der arische Mythos, S. 13 *sowie* die diesbezüglichen Ausführungen weiter unten.

[108] Vgl. hierzu und im folgenden KIEFER, S. 104 ff *sowie* POLIAKOV, Der arische Mythos, S. 16 ff. Als dann die Rassenlehren wucherten, wollte Müller diesen von ihm selbst zunächst geförderten Sprachgebrauch rückgängig machen. So hielt er 1872 in der Universität von Straßburg eine Rede, die außerordentlich patriotisch und nationalistisch war, aber er tadelte darin den ethnologischen Gebrauch sprachwissenschaftlicher Begriffe. Vgl. RÖMER, S. 125. Müller sagte: „Man vergißt zu leicht, dass, wenn wir von Arischen und Semitischen Familien sprechen, der Einteilungsgrund rein sprachlich ist. Es giebt Arische und Semitische Sprachen, aber es ist unwissenschaftlich [...] von Arischer Race, von Arischem Blut [...] zu sprechen und dann ethnologische Classifikationen auf linguistischen Grundlagen zu versuchen." MÜLLER, M. (1872), zit. nach Römer, S. 125. Vgl. dazu auch POLIAKOV, Über den Rassismus, S. 95 ff.

[109] Vgl. zum Verhältnis zwischen der Sprachwissenschaft und der Ethnologie im 18. und 19. Jahrhundert RÖMER, S. 38 ff.

[110] Vgl. zur Verschärfung von Rassenklassifikation und Sprachklassifikation EBENDA, S. 124 ff.

Die Sprache als Ausdrucksform des menschlichen Geistes wurde damit zum Spiegel des geistig-kulturellen Entwicklungsstandes. Die Bewertung einer Sprache als hochdifferenziert beziehungsweise primitiv mußte damit den intellektuellen Zustand eines Volkes und sein moralisches Niveau umschreiben.

Nicht selten fanden sich dabei die Semiten in Gegensatz zu den Ariern gestellt. Die Klassifizierung der Semiten als minderwertige und der Arier als höherwertige „Rasse" ging daher auch auf einen Philologen zurück: den französischen Historiker und Sprachforscher Ernest Renan (1823-1892).[111] Bezog sich diese Klassifizierung nur auf die Unterscheidung zwischen der „arischen" und „semitischen Rasse", darf aber nicht vergessen werden, daß schon die europäischen und amerikanischen Anthropologen des 18. und 19. Jahrhunderts die eigene „Rasse" als höherwertig gegenüber den anderen minderwertigen „Rassen" klassifizierten.

Der Arier-Mythos hatte jedoch einen historischen Kern. Aus diesem Grund muß die weitere Vorgeschichte des Rassismus mit den Indoeuropäern, speziell den Ariern, beginnen. Diese brachen in die altorientalischen Kulturzentren – im Mittleren Osten, in Indien und eventuell auch in China – ein und gründeten dort dank ihrer anfänglichen militärischen Überlegenheit eigene Herrschaften und etablierten sich als erobernde kriegerische Aristokratien.[112] Sie haben bis heute noch ihre größte Wirkung in Indien.[113]

Dem arischen Mythos zufolge sei jedoch alle höhere Kulturleistung eine Schöpfung der „rassisch bedingt" permanent überlegenen Indoeuropäer bzw. Arier. In Wirklichkeit

---

[111] Vgl. hierzu auch SCHÜTZ, S. 46. Durch seine Arbeit vervollständigte Ernest Renan in gewisser Weise die damaligen Ariertheorien. Durch seine quasi weltgeschichtliche Gegenüberstellung der indoeuropäischen Völker als Gegenpart zu den semitischen gab er dem Antisemitismus ein gefährliches Argument in die Hand. „Jedoch ist zu sagen, daß Renan [...] nach 1871, von der wachsenden Stärke der antisemitischen Bewegung erschreckt, [...] [sein] Urteil revidierte. [...] [Er] betonte, daß die Unterscheidung zwischen Ariern und Semiten nur im Bereich der Linguistik von Belang sei." POLIAKOV, Über den Rassismus, S. 96.

[112] Vgl. GEISS, S. 41 f. Die Arier waren indoeuropäischsprachige Steppennomaden aus der Region südlich des Urals, die nach Persien und Indien und möglicherweise auch nach Europa expandierten. Vgl. hierzu die Karte 16 in CAVALLI-SFORZA, S. 254. Der Zeitpunkt ihres Eintreffens in Indien liegt um die Zeit vor 3500 Jahren. In Persien und Indien haben die von den Hirtennomaden gesprochenen indoeuropäischen Sprachen weitgehend die dort zuvor gesprochenen drawidischen Sprachen verdrängt. Sie führten damit auf den Gebieten von Indien, Pakistan und Iran indoeuropäische Sprachen ein. Sie waren es also, die Sprachen wie das Sanskrit nach Pakistan und Indien brachten. Vgl. EBENDA, S. 254, 256, 277 *sowie* die Karte auf S. 276, welche die Verbreitungsgebiete der verschiedenen Sprachfamilien aufzeigt.

[113] Vgl. zum Kastensystem Indiens GEISS, S. 48 ff.

aber kamen die Indoeuropäer – wie wir gesehen haben – in schon bestehende Zivilisationen, zerstörten zunächst altorientalische Hochkulturen und bauten sie wieder, modifiziert durch eigene Hinzufügungen und Veränderungen, neu auf. Sonst unterwarfen Indoeuropäer meistens als kriegerische Eroberer ebenfalls noch barbarische Bevölkerungen, mit denen sie sich in unterschiedlicher Intensität verbanden. In Spannung zwischen erobernden Aristokratien mit ihrer Forderung nach der Blutreinheit[114] des Adels und der Unterworfenen entstanden durch Vermischung neue Völker, die jeden Rassenbegriff ad absurdum führten.[115]

4.3. Rassenkonflikte – In Wahrheit nur Gesellschaftskonflikte?

Schon 1775 hatte Immanuel Kant in seiner veröffentlichten Schrift „Von den verschiedenen Racen der Menschheit" auf ein Problem verwiesen, das bis heute allen Theorien über die Existenz verschiedener „Menschenrassen" anhaftet. So schrieb er, daß Neger und Weiße nicht verschiedene Arten von Menschen seien, da sie zu einem Stamm gehören würden. Aber doch seien sie zwei verschiedene „Rassen". Da alle Menschen durchgängig miteinander fruchtbare Kinder erzeugen würden, unabhängig davon wie groß die Unterschiede in ihrer Gestalt auch sein mögen, gehörten alle Menschen zu einem Stamm, zu einer Naturgattung.[116]

Die äußerlichen Verschiedenheiten könnten daher auch nicht auf eine unterschiedliche Wertigkeit der Menschen bzw. „Menschenrassen" hindeuten. Dies sei aber dennoch von den Rassentheoretikern immer wieder behauptet worden. Sie seien, laut Wippermann, als „Ideologen des Rassismus"[117] zu bezeichnen, weil ihre Theorien unwahr seien und zur Legitimation bestimmter politischer Ziele dienen würden. Trotz dieser Widerlegung des Rassenbegriffs sieht Wippermann aber den Rassismus als keineswegs überwunden,

---

[114] Die indoeuropäischen Aristokraten- und Herrenvölker führten, historisch zum ersten Mal faßbar, zur Erhaltung ihrer Machtstellung die Verweigerung des Konnubium und des Comercium in breiter Front ein. Vgl. EBENDA, S. 42.

[115] Vgl. hierzu EBENDA, S. 40 ff.

[116] Vgl. KANT, I.: Von den verschiedenen Racen der Menschen zur Ankündigung der Vorlesungen der physischen Geographie im Sommerhalbenjahre 1775, Königsberg 1775. In: W. WEISCHEDEL (Hrsg.): Immanuel Kant. Werke in zehn Bänden; Bd. 9 (Schriften zur Anthropologie, Geschichtsphilosophie, Politik und Pädagogik. Erster Teil), Darmstadt 1975, S. 11 f.

da es seiner Meinung nach auch ohne die Existenz von „Rassen" Rassismus geben kann.[118]

Rassentheorien wurden ausschließlich im kontinentalen Europa sowie in der angelsächsischen Welt entwickelt und diskutiert.[119] Sie wurden, abgesehen von Vorläufern und Wegbereitern[120], erstmals um die Mitte des 19. Jahrhunderts formuliert und sind nach dem Ende des Zweiten Weltkrieges von der Bühne der politischen Ideengeschichte weitgehend verschwunden.[121]

Diesbezüglich führt von zur Mühlen auch aus, daß durch die Feststellung, daß Rassentheorien im rassisch relativ homogenen Europa entstanden seien, klar würde, daß Rassenkonflikte ungeachtet der Frage, ob es überhaupt über den humanbiologischen Bereich hinaus anthropologisch bedingte Kollektiveigenschaften gebe, stets und ausschließlich als Gesellschaftskonflikte zu begreifen seien. „Rassen" würden daher erst durch Rassenkonflikte geschaffen.[122]

Rassenkonflikte sind dagegen in vielen Zeitaltern nachweisbar und bestimmen auch heute noch viele gesellschaftliche Konflikte in zahlreichen Ländern und Gebieten (vor allem zwischen Farbigen und Weißen). Demgegenüber waren jedoch, wie schon oben ausgeführt, die Rassentheorien um die Mitte des 19. Jahrhunderts in Europa entstanden, wo es andererseits keine Rassenkonflikte gab. Sie konnten also entstehen, ohne unmittelbar durch aktuelle Konflikte angeregt worden zu sein.[123]

Die Rassenkonflikte erschöpften sich deshalb im ideologischen Bereich sehr wohl in bloßen Vorurteilen und Ressentiments. Da die Rassentheorien zumindest entstehungsgeschichtlich in keinerlei Zusammenhang mit Rassenkonflikten gebracht werden kön-

[117] Vgl. zu diesem Begriff WIPPERMANN, S. 9, Fußnote 4. Hier merkt Wippermann an: „Dieser Begriff taucht zwar erst am Ende der 30er Jahre als Kampfbegriff gegen den NS-Rassismus auf, kann aber m. E. auch zur Charakterisierung davor liegender Ereignisse und Ideologien verwandt werden."
[118] Vgl. EBENDA, S. 9.
[119] Vgl. MÜHLEN VON ZUR, S. 9.
[120] Vgl. hierzu u. a. WIPPERMANN, S. 9 ff, der hier auf verschiedene Ideologien, Theorien und Forschungen verschiedener Rassentheoretiker und Ideologen eingeht *sowie* POLIAKOV, Über den Rassismus, S. 76 ff. Vgl. außerdem Kapitel 5 dieser Arbeit.
[121] Vgl. MÜHLEN VON ZUR, S. 9.
[122] Vgl. hierzu und zur Problematik des Rassenbegriffs EBENDA, S. 11 *sowie* die entsprechenden Ausführungen im Kapitel 3 dieser Arbeit.
[123] So trug auch der frühe Antisemitismus keine rassistischen Züge. Vgl. EBENDA, S. 10.

nen und sie die Absicht verfolgten, politische und soziale Interessen[124] in die scheinbar unpolitische „Ebene des Biologischen" zu verschieben, kann man daraus schließen, daß die Rassentheorien künstliche Konflikte zwischen „Rassen" schaffen wollten.[125]

Wenn der Rassist also von „Rasse" spricht, handelt es sich keineswegs um eine „Rasse". Wenn er das Wort gebraucht, bezeichnet es eine bestimmte soziale Gruppe, die sich anhand ihrer kulturellen, sprachlichen, religiösen und historischen Züge identifizieren läßt, aber niemals anhand ausschließlich physischer Züge. Der Rassismus ist in Wirklichkeit diejenige Haltung, die die intellektuellen oder moralischen Merkmale einer gegebenen Menschengruppe als direkte Folge ihrer physischen oder biologischen Merkmale ansieht. Da die Unterschiede zwischen den Menschen kultureller und nicht biologischer Natur sind, läßt sich sagen, daß der Rassist in Wirklichkeit die „Rasse" erschafft.[126]

Da Rassismus auch dann vorliegt, wenn eine anthropologische Verschiedenheit der verfeindeten „Rasse" nicht oder nicht eindeutig vorliegt, können zur Problematik des Rassismus anthropologische Fragen weitestgehend ausgeklammert werden. So haben die Juden zumindest seit ihrer Vertreibung aus Palästina und ihrer anschließenden Zerstreuung niemals einen anthropologisch einheitlichen Typus gebildet.

Umgekehrt war und ist ein äußerlich erkennbarer Unterschied zwischen Juden und Nicht-Juden vielfach nicht festzustellen. Trotzdem bezog der Rasse-Antisemitismus alle Juden ungeachtet ihres äußeren Erscheinungsbildes in sein biologistisches Weltbild ein. Ein Rassismus liegt daher auch dann vor, wenn die sogenannten Unterschiede zwischen den verfeindeten Gruppen weitgehend fiktiver Natur sind und nur auf der Annahme einer unterschiedlichen Abstammung beruhen, wobei diese angenommenen Unterschiede jedoch wesentlicher Inhalt der gegenseitigen Gruppenvorurteile sind.[127] Rassendiskriminierung ist demnach wie schlechthin jeder Rassismus zu definieren

---

[124] So betont auch Imanuel Geiss, daß zwar auf der einen Seite Rassenkonflikte real genug sind, sich aber bei einer genaueren Analyse auf der anderen Seite zeigt, daß diese oft sowohl soziale als auch ökonomische Ursachen haben. Vgl. GEISS, S. 11.

[125] Vgl. MÜHLEN VON ZUR, S. 10 f.

[126] Vgl. POLIAKOV, Über den Rassismus, S. 26 ff.

[127] Vgl. MÜHLEN VON ZUR, S. 12.

„[...] als Gruppenkonflikt, bei dem die Angehörigen der Gruppen durch wirkliche oder vermeintliche unterschiedliche Abstammung sowie aufgrund wirklicher oder vermeintlicher er-
erbter, als unveränderlich geltender physischer Abstammung und psychischer Eigenschaften
und Gruppenmerkmale ihrer jeweiligen Gruppe zugerechnet werden"[128].

Diese Definition läßt aber die Frage offen, ob die Gruppen in anthropologischem Sinne
„Rassen" darstellen. Nach von zur Mühlen wird die „Rasse" nicht als anthropologisch
Vorgegebenes verstanden, sondern allein als (wirklich oder vermeintlich) durch Abstammung vererbte Eigenart oder Eigenschaft, die zur Kennzeichnung von Fremd- und
Eigengruppe erhoben worden ist. Genauso läßt diese Definition zunächst die Gründe
offen, aus denen der Gruppenkonflikt entstanden ist. In der Regel dürften dabei als aus-
lösendes Moment soziale Interessensgegensätze oder durch Gruppenegoismus ausgelös-
te Streitfragen vermutet werden.[129]

Der entscheidende Gesichtspunkt dieser Definition liegt damit auf dem Hinweis auf die
(vermeintlich oder wirklich) ererbten und somit als unveränderlich angesehenen Gruppenmerkmale als Hauptkriterium eines Rassenkonfliktes, der sich von anderen Konflikten vor allem dadurch unterscheidet, daß nach Ansicht der „Beteiligten" die trennenden
Gruppenmerkmale, auch wenn sie nur eingebildeter oder fiktiver Natur sind, nicht beseitigt oder korrigiert werden können. Die Unterschiede der „Rasse" sind jedoch nicht
die einzigen Merkmale von Gruppen.[130]

Als weitere Kriterien zur Gruppendifferenzierung würden sich hierbei z. B. Geschlecht,
Wohnort, Sprachgruppen, Berufe usw. anfügen lassen. Jedoch gilt die für die Rassen-
probleme gemachte Feststellung, wonach diese Kriterien selbst nicht die Ursache von
Konflikten sind, sondern nur die Gruppenzugehörigkeit der Individuen. Dabei können
Vorurteile und Ressentiments gegen die Merkmale einer Feindgruppe sich auch verselb-
ständigen und vom eigentlichen Ursprung des Konfliktes so weit lösen, daß dieser weithin nicht mehr bewußt ist.

Entscheidend ist dabei die Feststellung, daß die Gruppenmerkmale nicht selbst automatisch Streitobjekte sind, sondern solche erst aufgrund bestimmter historischer Voraus-

---

[128] EBENDA, S. 12.
[129] Vgl. EBENDA, S. 12.

setzungen wurden. Folglich sind auch tatsächliche physische Unterschiede nicht von vornherein Gruppenmerkmale. Die „Rasse" kann man deshalb – wie schon ausgeführt – auch nicht als anthropologisch Vorgegebenes verstehen, sondern allein als etwas, das als (wirklich oder vermeintlich) durch Abstammung vererbte Eigenart oder Eigenschaft zur Kennzeichnung von Fremd- oder Eigengruppe erhoben worden ist.[131]

Im folgenden kommt von zur Mühlen zu dem Schluß, daß Rassenkonflikte und Rassentheorien keineswegs komplementäre Erscheinungen für eine bestimmte politische Konfliktsituation, sondern von eigenständiger Herkunft und weitgehend getrennter Entwicklung sind. So gab es Gesellschaften, in denen zwar Rassenkonflikte existierten, aber keine expliziten Rassentheorien. Genauso wurden aber auch Rassentheorien in solchen Ländern entwickelt, in denen es keine Rassenkonflikte gab.[132]

4.4. Funktionen von Rassentheorien

Die politische Funktion von Rassentheorien bestand demnach unter anderem darin, in der Öffentlichkeit überhaupt erst ein Rassenbewußtsein zu schaffen. Es sollte auf das Vorhandensein unterschiedlicher und ungleicher „Rassen" hingewiesen werden. Durch diese Generierung eines Rassenbewußtseins sollte ein Rassenkonflikt erzeugt werden.[133]

---

[130] Vgl. EBENDA, S. 13.

[131] Vgl. hierzu auch EBENDA, S. 13 ff, der sich auf diesen Seiten ausführlich mit dem Problem von Rassen- und Gruppenkonflikten in der Vergangenheit sowie mit verschiedenen Arten von Rassismus beschäftigt und hierfür Ursachen und Beispiele aufzeigt. Ferner kommt er dabei zum Schluß, daß seine aufgezeigten Beispiele für Rassenkonflikte hinreichend verdeutlichen, daß Rassismus durchaus ohne ideologisch-theoretische Begründung und allein aufgrund eines Gruppenkonfliktes bestehen und durch die von ihm entfachten Vorurteile und Ressentiments genährt werden könne. Mit anderen Worten bedeute dies, daß Rassismus weitgehend theorielos war, und zwar in dem Sinne, daß zur Begründung von Abgrenzung und Unterdrückung anderer „Rassen" keine eigene Rechtfertigungsideologie konstruiert wurde. (Anm.: Von zur Mühlen bezieht sich dabei vor allem auf die Kolonialpolitik der Portugiesen, der Spanier und Briten, die Versklavung von schwarzen Afrikanern sowie die Rassenpolitik der USA und Südafrikas. Er bezieht sich aber auch auf das indische Kastensystem sowie auf frühe Rassendiskriminierungen wie in Sparta und Israel.) Die vermeintliche Höherwertigkeit der eigenen und die vermeintliche Minderwertigkeit (oder zumindest Andersartigkeit) der fremden Gruppe konnte in Mythen und Legenden ihren Ausdruck finden, in Sagen und sonstigen Überlieferungen, die sich sämtlich noch in einem unreflektierten und vorwissenschaftlichen Raum bewegt hätten. Vgl. zu den Ursprungsmythen und den daraus abgeleiteten Minder- und Höherwertigkeiten verschiedener „Rassen" (Volksstämme, Kulturen) in verschiedenen Ländern (u. a. Deutschland, Frankreich und England) auch POLIAKOV, Der arische Mythos, S. 27 ff.

[132] Vgl. auch zur Problematik des Rassismus als gelebte Erfahrung, gemeinsame Erfahrung und als gesellschaftlich vermittelte Erfahrung MEMMI, S. 31 ff.

[133] Vgl. hierzu und im folgenden MÜHLEN VON ZUR, S. 26 ff.

Ein anderer Grund für die Schaffung eines Rassenbewußtseins lag darin, andere gesell-schaftliche Konflikte auf die Ebene eines Rassenkonfliktes anzuheben. Die Entstehung von Rassentheorien ist in einer Zeit anzusiedeln, in der die alte Legitimationsbasis für Macht- und Herrschaftsansprüche Boden verlor. Diese alten Ansprüche wurden nicht mehr als selbstverständlich hingenommen. Ihre mythische oder sonstige primitive Legi-timationsbasis wurde weithin nicht mehr als gültig begriffen.

Aufgrund von Rassentheorien sollte die vermeintliche natürliche Ungleichheit der Men-schen durch (pseudo-) wissenschaftliche Doktrinen untermauert werden. Diese ver-meintliche natürliche Ungleichheit von Angehörigen verschiedener bzw. als verschie-denartig angesehenen Gruppen sollte durch eine Argumentation begründet werden, der mehr Autorität als der bisherigen anerkannt wurde. Somit konnte diese als neue Legiti-mationsbasis dienen. Dahinter stand die Grundüberzeugung der Legitimationsnotwen-digkeit gesellschaftlicher Unterschiede durch die Naturalisierung des Sozialen, d. h. den Versuch, soziale Über- und Unterordnungen mit naturwissenschaftlichen Gesetzesana-logien zu begründen und festzuschreiben.[134]

Diese Tatsache weist auf einen historischen Bezugsrahmen hin, der die Entstehungsge-schichte der Rassentheorien in der Neuzeit ansiedelt, genauer gesagt in einer Zeit, in der die Wissenschaftsgläubigkeit die Ausstrahlungskraft biblischer Lehrmeinungen oder mythischer Überlieferungen verblassen ließ. Glaubten die Urheber und Verfechter der Rassentheorien, bisher unbekannte biologische und historische Gesetze der Kultur und Gesellschaft entdeckt zu haben, so blieben sie doch Ideologien im Sinne eines falschen Bewußtseins, welches überhaupt erst die Interessen, zu deren Artikulation die Rassen-theorien verfaßt wurden, begründete.[135]

Dabei soll nochmals verdeutlicht werden, daß die Rassentheorien, die Mitte des 19. Jahrhunderts entstanden, nicht einfach „von heute auf morgen" auftauchten. Diese Ras-sentheorien hatten Vorläufer und Wegbereiter. Es fand ein kontinuierlicher Prozeß der Entwicklung des Rassegedankens, noch mehr aber der Entwicklung einer allumfassen-

---

[134] Vgl. hierzu auch DITTRICH, S. 61.
[135] Vgl. MÜHLEN VON ZUR, S. 26 f, 32-51 *sowie* zum „Nutzen" von Rassismus MEMMI, S. 60 ff, 64 ff.

den und komplexen Theorie, die viele der bisher gemachten Aussagen und Konzepte über „Rassen" sowie deren Schlußfolgerungen involvierte, statt.

5. Historische Betrachtung der Entwicklung bis Gobineau

5.1. Allgemeine Vorbemerkungen

Rassismus per se ist kein allein neuzeitliches Phänomen. Wenn auch das Wort „Rassismus" selbst eine neuere Schöpfung darstellt, so läßt sich Rassismus, wenn auch unter einer anderen Begrifflichkeit und auf Basis anderer Ideologien und Zielsetzungen, zu vielen Zeiten in der Geschichte der Menschheit nachweisen.

> „Gilt Rassismus als systematisierendes Gedankengebäude, als Ideologie euroamerikanischer Überlegenheit seit dem späten 18. Jahrhundert, so sind seine Voraussetzungen, der Proto-Rassismus, überall zu finden, wo sich Überlegenheit real manifestiert."[136]

Rassisten sind Leute, die davon überzeugt sind, daß eine „Rasse" allen anderen biologisch überlegen ist. Um diese Überlegenheit nicht zu verlieren, gilt ihre ganze Sorge der Reinhaltung der „Rasse". Doch wir wissen, daß beim Menschen erstens der Begriff der „Rasse" nicht anwendbar und zweitens keine „Rasse" rein ist. Doch in der Vergangenheit stützte sich das falsche Ideal der Reinheit der „Rassen" auf viele Theorien. Diese waren zwar falsch, hatten aber trotzdem einen immensen Einfluß.[137]

Als Vorgriff soll hierbei an die Theorien erinnert werden, die Gobineau im 19. Jahrhundert aufstellte. Er legte in seinem Werk „Die Ungleichheit der Menschenrassen" dar, daß die überlegene „Rasse" von den Germanen repräsentiert werde. Diese hielt er für die reinsten Nachkommen eines mythischen Volkes, der Arier. Auf der Suche nach einer Ursache des Niedergangs der Zivilisation glaubte er, diese in den ethnischen Vermischungen erkannt zu haben. Diese vermindere die Vitalität der „Rasse" und beschleunige so ihren Untergang. Die Rassentheorie Gobineaus war eine Ideologie. Eine Ideologie, die auf dem Begriff der „Rasse" aufbaute. Und obwohl Gobineau dabei von fal-

---

[136] GEISS, S. 14.
[137] Vgl. CAVALLI-SFORZA, S. 369 f *sowie* MEMMI, S. 11 ff.

schen Vorstellungen über „Rassen" ausging, war er in einem gewissen Sinne der Schöpfer eines Mythos, von dem sich Wagner, Nietzsche und Hitler inspirieren ließen.[138]

Der Rassismus selbst ist jedoch älter als diese Ideologien, wahrscheinlich so alt wie die Menschheit selbst. Gewöhnlich hält jeder seine eigene „Rasse" für die beste, wenn man unter „Rasse" die eigene soziale Gruppe versteht. Dies ist unabhängig davon, ob die Phänomene, die wir an unserer Gruppe am meisten loben, biologisch bedingt oder auf soziokulturelle Tatsachen zurückzuführen sind. Normalerweise macht man sich nicht die Mühe, zwischen Biologie und Kultur zu unterscheiden. Der Fehler, diese beiden Bereiche gleichzusetzen, ist weit verbreitet. Die Grundlage der angeblich biologischen Überlegenheit bestimmter „Rassen" ist deshalb auch die Verwechslung von genetischem Erbe mit Kultur, beziehungsweise Zivilisation.[139]

5.2. Geschichte des Rassismus bis Gobineau

Im strengen Wortsinn bezeichnet Rassismus die Feindschaft gegenüber einer Gruppe von Menschen, denen man fast immer zu Unrecht einen gemeinsamen Ursprung zuschreibt. So verstanden, scheint die Antike den Rassismus nicht gekannt zu haben.[140]

Versteht man unter „Rasse" jedoch eine soziale oder ethnische Gruppe, so lassen sich auch in der Antike schon Elemente des Rassismus, man mag es auch Proto-Rassismus nennen, finden, eben immer dort, wo sich Überlegenheit real manifestierte.[141] Rassismus in diesem (weiteren) Sinne waren solche diskriminatorischen Maßnahmen, die darauf abzielten, die Überlegenheit einer Gruppe über eine andere zu behaupten.[142] So schreibt diesbezüglich auch Immanuel Geiss:

> „Proto-rassistische Dispositionen – Xenophobie, Ethnozentrik, Verachtung Höherentwickelter
> gegenüber Niedrigstehenden in der universalen »Rang- und Hackordnung« der Menschheit

---

[138] Vgl. EBENDA, S. 370.
[139] Vgl. CAVALLI-SFORZA, S. 373.
[140] Vgl. hierzu auch Dittrich mit seinen Ausführungen zur Frage „Rassismus in der Antike?". DITTRICH, S. 64 ff.
[141] In diesem Zusammenhang wird zum Teil auch von der eigentlichen Bedeutung des Wortes Rassismus weggegangen und der Begriff Rassismus auf viele Arten von Unterdrückung ausgeweitet. Vgl. hierzu auch POLIAKOV, Über den Rassismus, S. 43 ff.

oder aus religiösen Gründen gegenüber Ungläubigen, Verweigerung des Konnubiums und des gleichen Zugangs zu den entscheidenden Produktionsmitteln, Standes- und Kastenunterschiede, »Blut«-Mystik, Ausbeutung permanent Unterworfener durch abhängige Arbeit – gingen dem euroamerikanischen Rassismus voraus, überall und zu allen Zeiten. Erst der Rassismus der Neuzeit jedoch bündelte und verarbeitete sie theoretisch zu ganzen Gedankensystemen.“[143]

Nach Poliakov neigt jede Zivilisation dazu, sich im Hinblick auf das zu definieren, was ihr fremd ist. Damit bildete sich schon früh eine auf hierarchische Vorstellungen basierende Weltanschauung heraus. In dieser Weltanschauung nahm das „Wir" in der Regel den ersten Platz in der Hierarchie ein und alle anderen eine untergeordnete Stellung. Diese Hierarchisierung rechtfertigte dann die Gewaltanwendung gegen sie.

So betrachtet hätte der Rassismus seine Wurzeln schon in allen Zeitaltern der Geschichte der Menschheit und wäre ein integraler Bestandteil jeder Kultur. Jedoch sollte man in diesem Fall nur dann von Rassismus bzw. Proto-Rassismus sprechen, wenn sich zu dem Gegensatz zwischen Kulturen, Gruppen und Völkern auch eine abwertende und grundsätzlich feindliche Auffassung hinzugesellte.[144]

Unter diesem Gesichtspunkt kann man konstatieren, daß

„die wiederholten Invasionen Ägyptens durch fremde Heere [...] zu den ersten fremdenfeindlichen, ja proto-rassistischen Äußerungen [führten]“[145].

Diese richteten sich vor allem gegen die Juden.[146] Unter römischer Herrschaft wurde Alexandrien zur Hochburg des heidnischen Antijudaismus und zum Zentrum blutiger Aufstände.[147] Dabei ist jedoch zu beachten, daß dieser vor allem gegen die Juden gerichtete Proto-Rassismus eher auf politisch-religiösen als auf rassischen Merkmalen beruhte.[148]

---

[142] Vgl. EBENDA, S. 42.
[143] GEISS, S. 49.
[144] Vgl. POLIAKOV, Über den Rassismus, S. 46.
[145] EBENDA.
[146] Vgl. hierzu auch Immanuel Geiss mit seinen Ausführungen über die Juden in der Antike. GEISS, S. 88 ff.
[147] Vgl. hierzu auch SILBERMANN, S. 8 ff.
[148] Vgl. hierzu ausführlicher POLIAKOV, Über den Rassismus, S. 46 ff. An dieser Stelle führt Poliakov auch aus, daß die Griechen dagegen in der Antike dem Bestehen verschiedener Gruppen von Men-

Auch im alten Rom finden sich Ängste, Widerstände und Feindseligkeiten gegen Fremdartigkeit wieder. Sei es gegen die Schwarzen, deren schwarze Haut man in Verbindung mit der Unterwelt und dem Tod brachte, oder seien es die wenig freundlichen Beschreibungen der Kelten oder der Israeliten durch den Geschichtsschreiber Tacitus. Auch war die lateinische Literatur von einer starken Feindseligkeit gegenüber dem Judaismus geprägt.[149] Die den Juden darin gemachten Vorwürfe waren religiöser und politischer Art.[150]

Weder bei den Griechen noch bei den Römern war die Sklaverei an die Hautfarbe gebunden. So machte also nicht ein bestimmtes physisches Merkmal, wie z. B. die „schwarze Hautfarbe", deren Träger schon zu Sklaven. Die später geradezu klassische Welthierarchie der „Rassen" mit den Weißen an ihrem oberen und den Schwarzen an ihrem unteren Ende existierte noch nicht. Dies galt auch für Ägypten mit einer sozial und kulturell integrierten schwarzen Bevölkerung. Die fatale Formel „Neger = Sklave", die in späteren Gesellschaften Rassismus erzeugte, konnte nicht hergestellt werden. Somit liefen Unterscheidungs- und Verachtungsmechanismen nicht über „Rasse" sondern über kulturelle Differenzierungen.[151]

---

schen nur wenig Bedeutung zugemessen hätten. Zwar wäre der griechischen Vorstellung über die Welt deren Spaltung in Griechen und Barbaren zugrunde gelegen, wobei der Grieche als der am meisten fortgeschrittene Menschentypus gegolten hätte, doch hätte dies nicht automatisch eine grundsätzliche Minderwertigkeit der Barbaren impliziert. Auch wenn Aristoteles der Ansicht gewesen sei, die Barbaren seien nur geboren, um als Sklaven zu dienen, habe er ihnen gewisse Tugenden zugeschrieben. Ganz anders urteilt jedoch Immanuel Geiss über das antike Griechenland. Er spricht in diesem Zusammenhang vom „kulturellen Überlegenheitskomplex" (GEISS, S. 54) gegenüber Barbaren im antiken Griechenland. Alle Kultur- und Machtzentren hätten auf ihre barbarische Umgebung herabgeschaut, die in der sozioökonomischen Entwicklungs- und Prestigehierarchie unter ihnen stand. So hätte das antike Griechenland die Verachtung der Barbaren mit der Berechtigung, sie zu versklaven, kombiniert. In ihrer Polemik hätten Plato und Aristoteles das Dogma von der Inferiorität der Barbaren als geborene Sklaven bekräftigt. Zwar hätten das Alexanderreich und der Hellenismus in der Begegnung unterschiedlicher Völker und Kulturen die „quasi-rassistische Konsequenz des griechischen Kulturhochmutes" (EBENDA) allmählich abgeschwächt, da nun jeder Grieche werden konnte, der die griechische Kultur annahm, aber die Autorität von Aristoteles hätte für die Tradierung des klassischen Vorurteils gesorgt. Vgl. EBENDA, S. 54 ff. Vgl. hierzu auch die Ausführungen von Dittrich über A-ristoteles, der anmerkt, daß sich schon bei Aristoteles ähnliche Elemente wie in Rassentheorien finden lassen. DITTRICH, S. 67.

[149] Vgl. hierzu auch SILBERMANN, S. 8 ff.

[150] Religiös, weil sie am Kaiserkult nicht teilnehmen würden, barbarische Bräuche hätten (Beschneidung, Sabbat), „gottlos" seien und einen Eselskopf anbeten würden. Politisch, weil sie ein rebellisches Volk seien und besonders in Palästina zahlreiche Aufstände anzetteln würden. Anzumerken ist dabei noch, daß die gemachten Vorwürfe nur einen Teil der Juden betrafen. Unterdrückt wurden nur die Rebellen, während ihre Glaubensgenossen, die der Autorität des Kaisers treu blieben, ihre Rechte und Privilegien behielten. Vgl. POLIAKOV, Über den Rassismus, S. 50 f.

[151] Vgl. DITTRICH, S. 88 f.

Mit dem Aufkommen des Christentums schien es zunächst so, als wäre hier eine tolerante Religion am Erblühen. Das Urchristentum, aus dem Judentum entstanden, betonte zunächst die Abschaffung aller sozialen und ethnischen Unterschiede. Dieses Toleranzziel wurde jedoch, spätestens als das Christentum in vielen Ländern zur Staatsreligion geworden war, nur sehr unvollkommen in der Praxis verwirklicht.

In bezug auf das Judentum war das Christentum mit diesem schon sehr früh in Konflikt geraten, so daß es rasch zu Spannungen und Rivalitäten gekommen war. Hinzu kam die Zuschreibung einer Kollektivschuld der Juden am Christusmord.[152] Seit der Christianisierung des Römischen Reiches wurden dann antijüdische Gesetze erlassen, und seit dem Mittelalter, spätestens seit dem ersten Kreuzzug von 1096, kamen zu den traditionellen religiösen Vorwürfen gänzlich aus der Luft gegriffene Beschuldigungen hinzu.[153] Zu nennen wären hier u. a. die Beschuldigung des Ritualmordes, des Brunnenvergiftens und der Verbreitung der Pest. So entwickelte sich im Mittelalter eine Feindschaft gegenüber den Juden, die zu juristischen Zurücksetzungen sowie zu Vertreibungen und Verfolgungen führte.[154] Schließlich wurden die Juden wie Aussätzige oder Geisteskranke zu den Parias der christlichen Gesellschaft.[155]

Der hier beschriebene mittelalterliche Antijudaismus war aber sicherlich noch kein (rassischer) Antisemitismus.[156] Dieser Antijudaismus stützte sich vor allem auf religiöse Kriterien, und sein Haß richtete sich nur gegen jene Juden, die ihrem Glauben treu geblieben waren. Das „Judesein" würde aufhören, sobald der Jude zum wahren Glauben bekehrt sei. Ab diesem Zeitpunkt wäre der Jude kein Jude mehr und würde zu einem Christen werden.[157]

---

[152] Vgl. EBENDA, S. 53.
[153] Vgl. hierzu auch SILBERMANN, S. 11 ff *sowie* DITTRICH, S. 71 ff, mit seinen Ausführungen über das „corpus christianum" und seine „Ausländer", wobei er sich vor allem auf die Entwicklung des Antisemitismus bezieht.
[154] Vgl. hierzu auch Immanuel Geiss mit seinen Ausführungen zu den Juden im eurasischen Mittelalter. GEISS, S. 100 ff.
[155] Vgl. hierzu ausführlicher POLIAKOV, Über den Rassismus, S. 53 ff.
[156] Vgl. hierzu auch Silbermann, der eine etwas andere Einteilung vornimmt. Zum einen unterscheidet er in einer zeitlichen Dimension den klassischen von dem modernen Antisemitismus, zum anderen in verschiedene Erscheinungsformen des Antisemitismus, wie den wirtschaftlichen, politischen, religiösen oder rassischen Antisemitismus. SILBERMANN, S. 7 ff.
[157] Vgl. POLIAKOV, Über den Rassismus, S. 57 ff. Die einzige Ausnahme bildete hierbei Spanien vom 14. Jahrhundert an. Hier tauchte die Vorstellung auf, daß die Taufe allein nicht genügte, um den ursprünglichen Makel zu tilgen. Auch als Konvertierter blieb der Jude mit einem unauslöschlichen Makel behaftet. Daher wurden Gesetze zur Reinhaltung des Blutes erlassen, die zwischen alten und neuen Christen eine Schranke errichten sollten. Dies läßt sich ohne weiteres als Rassismus bezeichnen,

Damit unterscheidet sich der mittelalterliche Antijudaismus deutlich vom späteren (Rasse-) Antisemitismus. Dieser hatte als Unterscheidungs- und Abgrenzungskriterium vor allem das der „Rasse" und nicht alleinig das der Religion. Durch das Rassekriterium als Unterscheidungsmerkmal war es deshalb einem Juden unmöglich, zu einem Nicht-Juden zu konvertieren, da dieses Merkmal, nach der damaligen Ideologie, biologisch bedingt und damit unveränderlich war. Dadurch blieb der Jude auch dann Jude, wenn er seine Religion geändert hatte.

Wenn man nun aber an den mittelalterlichen Antijudaismus diejenigen Charakteristika anlegt, welche, wie weiter oben ausgeführt, den Proto-Rassismus kennzeichnen, so lassen sich bei diesem zwar keine rassistischen Merkmale im neueren Sinne, wohl aber proto-rassistische Tendenzen feststellen. Dies liegt zum einen in der sich real manifestierten Überlegenheit des Christentums über das Judentum, welche sich u. a. in den Judenvertreibungen und -verfolgungen widerspiegelte, zum anderen aber auch daran, daß seitens der Christen gegenüber den Juden eine feindselige und abwertende Haltung festzustellen war. In diesem Sinne kann man meines Erachtens sehr wohl von proto-rassistischen Merkmalen sprechen.

Während des ganzen Mittelalters hatte die westliche Gesellschaft gewisse Kategorien von Menschen geächtet. Darunter zählten Juden, Ketzer, Heiden, Geisteskranke, Schwärmer und Aussätzige. Die Formen und die Grade der Ächtung variierten dabei in Abhängigkeit der geächteten Gruppe. Diese aber weisen auf eine starke Feindseligkeit gegen alles hin, was sich nicht genau dem starren Rahmen der Norm und damit dem offiziellen Christentum einfügte und damit die religiöse Einheit bedrohte.[158]

Zusammenfassend kann man sagen, daß im großen und ganzen das Mittelalter keinen Rassismus im heutigen Sinne kannte, wohl aber proto-rassistische Tendenzen aufwies. Es existierten normalerweise auch keine abwertenden Vorurteile gegen „Schwarze"[159]

---

auch wenn dieser erbliche Makel eher kultureller als biologischer Art war. Man befürchtete bei ihnen die Neigung zur Häresie. Vgl. hierzu auch die Ausführungen von Immanuel Geiss zur Vertreibung der Juden aus Portugal und Spanien. GEISS, S. 114 ff.

[158] Vgl. DITTRICH, S. 51, 59 ff.

[159] Vgl. hierzu auch EBENDA, S. 88 ff.

oder „Gelbe".[160] Ganz in Gegenteil, übte der Orient damals doch eine große Anziehungskraft aus.[161] Ausnahme hierbei bildete Spanien im Zeitalter der Reconquista, das unter der Zwangsvorstellung der Reinheit des Blutes alle, die nicht von guter „Rasse" waren oder den religiösen Zusammenhang gefährdeten, vertrieb. Ansonsten wurden primär jene geächtet und diskriminiert, die soziale und religiöse Abweichungen repräsentierten.[162]

Wenn man nach den Ursachen sucht, die dann im Laufe der Zeit zu einer veränderten Haltung gegenüber Menschen anderer Hautfarbe, anderer „Rasse", führten, so stößt man auf die großen Entdeckungen in der Neuen Welt seit dem Ende des 15. Jahrhunderts und ihre Folgen.[163] Hierdurch kam es zu vermehrten Kontakten zwischen Europäern und „exotischen" Bevölkerungen mit einer Ausbeutung dieser letzteren im großen Maßstab.[164] Seit dieser Zeit entfaltete sich parallel zur Expansion Europas in Übersee, auf der Basis allgemeiner proto- oder quasi-rassistischer Strukturen, der moderne euroamerikanische Rassismus:[165]

„Zwischen Neuer und Alter Welt zeichnete sich eine bemerkenswerte Arbeitsteilung ab: Die Neue Welt lieferte realhistorische Bedingungen für Rassismus, vor allem die transatlantische Sklaverei. Dagegen übernahm die Alte Welt, wo die rasch anwachsenden Informationen aus der übrigen Welt zusammenliefen, ihre theoretisch-wissenschaftliche Verarbeitung. Als Nebenprodukt der sich anbahnenden naturwissenschaftlich-technischen Umwälzung ergab sich der Rassismus – Reflex der faktischen Weltherrschaft der Europäer und ihrer Nachkommen in Amerika, Australien, Neuseeland und Südafrika."[166]

---

[160] Vgl. zum Fehlen antinegrider Vorurteile in der europäischen Antike sowie im christlichen Mittelalter im Gegensatz zu der Stellung der Schwarzen im arabisch-muslimischen Mittelalter GEISS, S. 78 ff. So hatte das arabisch-muslimische Mittelalter den Rassismus gegenüber Schwarzen, identisch mit Sklaven, schon stark ausgebildet. Vgl. EBENDA, S. 84. Für das frühe und späte mittelalterliche Europa kann davon ausgegangen werden, daß es wenig Kontakt mit schwarzen Völkern hatte. Nur die Kreuzzüge und die iberische Reconquista erneuerten den Kontakt mit Schwarzen im Rahmen der allgemeinen Begegnung des lateinischen Westens mit den berberischen Mauren seit der Eroberung durch den Islam 711 phasenweise. Vgl. DITTRICH, S. 89.
[161] Vgl. POLIAKOV, Über den Rassismus, S. 63.
[162] Vgl. POLIAKOV, Über den Rassismus, S. 63 f sowie DITTRICH, S. 90 ff, mit seinen Ausführungen über die Entwicklung rassischer Vorstellungen zu Beginn der Neuzeit.
[163] Vgl. hierzu auch die Ausführungen im Kapitel 4.1 dieser Arbeit sowie POLIAKOV, Der arische Mythos, S.157 ff.
[164] Vgl. POLIAKOV, Über den Rassismus, S. 64. Vgl. des weiteren zu „Rassismus und Kolonisation" MEMMI, S. 42 ff.
[165] Vgl. GEISS, S. 109.
[166] EBENDA.

Nach der Entdeckung Amerikas entstand in der Neuen Welt eine Kolonialgesellschaft, die auf der Versklavung der Schwarzen und der Ausrottung der Indianer beruhte.[167] War Sklaverei als Form abhängiger Arbeit theorie- und realgeschichtlich schon in der Vergangenheit virulent, so wurde sie im Zuge der Entdeckungsfahrten im 15. und 16. Jahrhundert zu einem systematischen Element der kolonialen Expansion.[168] Möglich wurde dies vor allem durch die wirtschaftliche, politische, militärische und kulturelle Überlegenheit der Europäer.[169]

Die Existenz von verschiedenen Bevölkerungsgruppen, eine teils autochthone, teils aus Afrika eingeführte Bevölkerung, Mestizen und Mulatten, änderten die Beziehungen der verschiedenen Menschengruppen untereinander grundlegend. Von nun an war der Platz in der sozialen Hierarchie unabhängig von der Religion und hing primär von der Hautfarbe ab.[170]

Darüber hinaus enthielten die theologischen Dispute über den Ursprung der neu unterworfenen Völker Keime des modernen Rassismus, denn die Erforschung Afrikas und vor allem die Entdeckung Amerikas brachten die Europäer mit neuen Völkern in Berührung.[171] Diese wiesen Sitten auf, gänzlich anders denen des Abendlandes. Man fragte sich, ob es sich wirklich um menschliche Wesen handele.[172] Damit wurde auch die Frage nach der Abstammung dieser Völker von Adam – vor allem der Indios, gab es doch in der Bibel keinerlei Hinweise auf sie – aufgeworfen.[173] Wer das bezweifelte, mußte zu dem Schluß kommen, daß das Menschengeschlecht auf verschiedene Ursprünge ungleichen Wertes zurückgehe.[174]

---

[167] Vgl. hierzu auch die Ausführungen von Immanuel Geiss über die spanische Kolonialherrschaft sowie über die Sklaverei in den englischen und französischen Kolonien. EBENDA, S. 121 ff.

[168] Vgl. DITTRICH, S. 89.

[169] Vgl. zu den historischen Rahmenbedingungen, insbesondere zur Expansion Europas in Übersee und zu den frühen Kolonial- und Handelsreichen GEISS, S. 110 ff.

[170] Vgl. POLIAKOV, Über den Rassismus, S. 65.

[171] Vgl. hierzu auch die Ausführungen Poliakovs zu den neuen Genealogien infolge der großen Entdeckungen. POLIAKOV, Der arische Mythos, S. 160 ff.

[172] Vgl. hierzu auch GEISS, S. 113.

[173] In diesem Zusammenhang tauchten die ersten Spekulationen über die Verschiedenheit des Ursprungs der Menschen und damit die These eines Polygenismus der Menschen auf. Vgl. hierzu auch die Ausführungen in Kapitel 3.3 dieser Arbeit. Diese Position bedeutete zugleich die Zurückweisung religiöser Positionsvorstellungen. In diesem Zusammenhang sei angemerkt, daß aus diesen Gründen auch der schon erwähnte Isaac de La Peyrère widerrufen mußte. Vgl. DITTRICH, S. 93.

[174] Vgl. hierzu und im folgenden POLIAKOV, Über den Rassismus, S. 65 ff.

Wurde zwar die Frage „Sind die Eingeborenen Menschen oder Tiere?" zugunsten des „Menschseins" entschieden, so kam trotzdem die Unterteilung in primitiv und zivilisiert auf. Damit galten die Europäer als zivilisiert und die Nichteuropäer als kulturell rückständig, eben als primitiv. Hinzu kam der Glaube an den besonderen Fluch über Hams Sohn, der auf den Schwarzen lastete und damit zusätzlich zur Rechtfertigung der Sklaverei diente. All dies bereitete dem Rassismus den Weg.

Wie schon darauf hingewiesen, war es Bernier gewesen, der zum ersten Mal den Begriff der „Rasse" im modernen Sinne gebrauchte.[175] Er schrieb den nicht-europäischen Gruppen physische Züge zu, die denen gewisser Tiere ähnelten. Darüber hinaus beruhte die von ihm vorgeschlagene Einteilung der Menschen in „Rassen" nicht ausschließlich auf geographisch und kulturell bedingten Eigenschaften, sondern auch auf solchen der Hautfarbe und anderen körperlichen Merkmalen.[176]

Damit waren die ideologischen Ursprünge des modernen Rassismus also zweifacher Art. Zum einen sprach man den Primitiven die menschliche Würde ab und zum anderen vertrat man die Polygenese, das heißt die Ansicht, daß das Menschengeschlecht nicht nur einen Ursprung habe. Hinzu kamen die Unterjochung, zum Teil auch Ausrottung, der unterworfenen Völker und die Versklavung der aus Afrika eingeführten Schwarzen. Das Bestehen einer kolonialen Gesellschaft unter weißer Herrschaft führte dazu, daß man andere Menschen mit anderer Hautfarbe radikal abwertete.[177]

Darüber hinaus korrespondierte die kolonialistische Praxis mit einer Entwicklung in der Anthropologie, die Kulturleistung und biologischen Rassenbegriff zusammendachte. Die Eingeborenen, insbesondere die Schwarzen, wurden als der Freiheit unfähig erachtet.[178]

Mit dem Ende der Renaissance und dem Beginn der Aufklärung veränderte sich das „Denken" der Menschen. Es kam zu einer Revolutionierung dieses Denkens, in dessen Vollzug die Natur aus ihrem subjektiv-religiösen Vollzugsrahmen als objektive Größe

---

[175] Vgl. hierzu auch die Ausführungen in Kapitel 3.1 und 3.3 dieser Arbeit.
[176] Vgl. POLIAKOV, Über den Rassismus, S. 71.
[177] Vgl. EBENDA, S. 72.
[178] Vgl. DITTRICH, S. 94.

heraustrat.[179] Zu Beginn der Neuzeit hatte sozusagen ein Paradigmawechsel stattgefunden:

> „Das Interesse, die Natur in konstanten Relationen zu begreifen, ist, wie wir gesehen haben, ein elementares Interesse, das eng an den Organisationsplan des Menschen anschließt. Alles, was die Naturwissenschaften seit Beginn der Neuzeit tun, ist, dieses Interesse ins Bewußtsein zu heben und als methodische Strategie in Ansatz zu bringen. [...] An die Stelle eines subjektivisch sinnhaften Interpretationsschemas ist ein funktional-relationales getreten."[180]

Das Begreifen der Natur in konstanten Relationen konnte den Menschen als Teil dieser Natur nicht ausklammern. Als Teil der Natur und als Naturmensch wurde der Mensch zum Gegenstand von Naturbetrachtungen. Der Mensch

> „[...] gewinnt eine ihm typische, eigene Geschichte in dieser Phase, wobei allerdings darauf hinzuweisen ist, daß die Naturwissenschaften der allgemeinen Geschichte verhaftet bleiben, ein Tatbestand, dem im Zuge der Entwicklung des rassischen Denkens insoweit eine besondere Bedeutung zukommt, weil die politische Funktionalität rassischer Politiken gerade in der behaupteten naturwissenschaftlichen Objektivität ihrer Basisannahmen besteht."[181]

Diese Änderungen des Naturverständnisses implizieren damit Veränderungen des Rassismusverständnisses bzw. der Rassenproblematik. Spätestens in der Aufklärung wurden Rasseneinteilungen wissenschaftlich begründete Ordnungskategorien im Kontext von Herrschaft. Die Nutzung der Kategorie erfuhr die Notwendigkeit wissenschaftlicher Begründungen, um Legitimationen zu generieren.[182] Die Folge war deshalb ein Vordringen des Rassengedankens in die verschiedenen Disziplinen nahezu aller Fakultäten.[183]

Gab es vor dem 16. Jahrhundert kaum klassifikatorische Schemata von der Natur und war der Begriff der Rasse[184] unbekannt, so wurde in dieser Phase der Begriff der Rasse eingeführt, um genauere Klassifizierungen unterschiedlicher Spezies zu bekommen. Die Prinzipien der wissenschaftlichen Beobachtung von Francis Bacon (1561-1626) erlaub-

---

[179] Vgl. DUX, G.: Die Logik der Weltbilder. Sinnstrukturen im Wandel der Geschichte (Suhrkamp-Taschenbuch Wissenschaft; 370), Frankfurt 1982, S. 275 ff.
[180] EBENDA, S. 281 f.
[181] DITTRICH, S. 96.
[182] Vgl. EBENDA, S. 111.
[183] Vgl. MÜHLEN VON ZUR, S. 132.
[184] In diesem Kontext wird der Begriff der Rasse nicht in Anführungszeichen gesetzt, da es sich hierbei noch nicht um die Anwendung dieses Begriffes auf die Menschheit handelt.

ten die Entwicklung solcher Klassifikationsschemata[185], die sich dann im 17./18. Jahrhundert großer Beliebtheit erfreuten.[186] Die Rassenklassifikationen beim Menschen beschränkten sich jedoch nicht auf die alleinige Einteilung der Menschheit, sondern nahmen zudem eine Zuordnung von Eigenschaften vor, die zur Bildung von Rassenhierarchien führten.[187]

Ab Mitte des 18. Jahrhunderts begann dann die allmähliche Ideologisierung des Rassenbegriffs. Diese war schon bei Immanuel Kant anzutreffen, da er das Aussehen und die Verhaltensweisen der einzelnen „Rassen" wertete. So schrieb er beispielsweise über die Samen (Lappen), daß sie ein „bartloses Kinn"[188], „dünne Lippen"[189], „blitzende Augen"[190] und eine „geplatschte Nase"[191] hätten. Dies führte Kant auf das Klima zurück, in dem die Samen (Lappen) zu leben hätten,[192] genauso wie das faule, weichliche und tändelnde Wesen des „Negers"[193] sowie deren fleischiges Aussehen dem Klima wohl angemessen sei.[194] Darüber hinaus wertete er die Vermischung von „echten Rassen"[195] als negativ, da dies eine Ausartung sei, die zur Entstehung von „Blendlingen"[196] führe.

Im Zuge der Entwicklung der naturwissenschaftlichen Anthropologie und der anthropologischen Methoden im 18. und 19. Jahrhundert[197] kam es dann verstärkt zu der wertenden Hierarchisierung der Menschen nach äußerlichen Merkmalen. Beispielhaft angeführt seien hierbei der schon erwähnte Theologe Lavater, der in seinem Werk „Physiognomische Fragmente zur Beförderung der Menschenkenntnis und Menschenliebe, Bd. 1-4" von den Physiognomien der Menschen auf ihre geistigen und charakterlichen Eigenschaften schließen wollte, der niederländische Anatom Peter Camper (1772-1789) mit seinem Werk „Dissertation Physique", der zu diesem Zweck die Gesichtswinkel

---

[185] Vgl. hierzu auch Kapitel 3.2, 3.3 und 5.3 dieser Arbeit.
[186] Vgl. DITTRICH, S. 95.
[187] Vgl. Kapitel 3.6 dieser Arbeit.
[188] KANT, Von den verschiedenen Racen der Menschen, S. 21.
[189] EBENDA.
[190] EBENDA.
[191] EBENDA.
[192] Vgl. EBENDA, S. 21 f.
[193] EBENDA, S. 23.
[194] Vgl. EBENDA.
[195] EBENDA, S. 17.
[196] EBENDA.
[197] Vgl. auch Kapitel 3.4 und 3.5 dieser Arbeit.

von Angehörigen verschiedener „Rassen" ausmaß,[198] um sie nach Größe und Schönheit zu charakterisieren, sowie der ebenfalls schon erwähnte Arzt Gall, der in seinem Buch „Vorlesungen über die Verrichtungen des Gehirns" mit derartigen Schädelmessungen auch auf die Moral und Intelligenz der „Menschenrassen" schließen wollte.[199]

Der Göttinger Historiker Christoph Meiners[200] (1747-1810) war dann der erste, der den „naturwissenschaftlichen" Rassenbegriff auf die Geschichte anwandte. In seinem 1798 veröffentlichten „Grundriß der Geschichte der Menschheit" hatte er die Völker und „Rassen" der Welt nach dem Grad ihrer Schönheit oder Häßlichkeit eingeteilt. Dabei galten ihm die hellhäutigen Völker als schön und in geistiger und kultureller Hinsicht allen anderen überlegen:[201]

> „[...] doch merkt man auch hier den höheren Adel der schönen und weißen Völker. [...] Nur der weiße Völkerstamm verdient den Namen des Schönen, und der Dunkelfarbige mit Recht den Namen des Häßlichen. Eine Hauptursache der Schönheit ist das Klima, dessen Wirkungen zwar durch ungünstige physische und moralische Ursachen geschwächt, aber da, wo es am mächtigsten ist, nie ganz getilgt werden können."[202]

In dem von dem Philosophen Carl Gustav Carus 1848 veröffentlichten Werk „Über die ungleiche Befähigung der verschiedenen Menschenstämme für höhere geistige Entwicklung" findet sich eine ähnliche Argumentation wieder. Er schrieb allein den „Tagvölkern"[203] eine „Befähigung zur höchsten geistigen Entwicklung"[204] zu. Deshalb seien sie berechtigt, ihre „Macht über alle Teile der bewohnten Erde"[205] auszubreiten und über die ebenso „häßlichen"[206] wie kulturlosen „Nachtvölker"[207] zu herrschen.[208]

---

[198] Vgl. zu den Schädelformstudien Campers auch BITTERLI, S. 354 *sowie* RÖMER, S. 19. Camper verglich dabei auch die Menschen mit Tierprofilen und leitete daraus rassistische Urteile ab. Vgl. MÜHLEN VON ZUR, S. 44.

[199] Vgl. WIPPERMANN, S. 10.

[200] Vgl. zu Meiners auch BITTERLI, S. 356 ff.

[201] Vgl. WIPPERMANN, S. 10.

[202] MEINERS, C.: Grundriß der Geschichte der Menschheit. Photomechanische Reproduktion [d. Ausg.] Lemgo 1793 (Scriptor-Reprints: Sammlung 18. Jahrhundert, hrsg. von Jörn Garber), Königstein 1981, S. 81, 89.

[203] CARUS, C. G. (1848), zit. nach Wippermann, S. 10.

[204] EBENDA.

[205] EBENDA.

[206] EBENDA.

[207] EBENDA.

[208] Vgl. WIPPERMANN, S. 10 *sowie* RÖMER, S. 21. Das Gemisch aus materiellen und geistigen Beurteilungskriterien, das Carus seiner Völkerrevue zugrunde legte, der vollkommenen Mangel an wissen-

Wie bei den Rassentheorien auch, war das Ziel dieser Vertreter eines anthropologischen Rassismus, die Herrschaft der Europäer über die Kolonialvölker zu rechtfertigen. Darüber hinaus wurden rassenanthropologische Ideologien verwandt, um die angebliche Reinheit und Überlegenheit von Angehörigen europäischer Völker gegenüber anderen Nationen zu beweisen.

Dies galt vor allem für deutsche Nationalisten wie Johann Gottlieb Fichte (1762-1814), der in seinen „Reden an die deutsche Nation" die Ansicht vertrat, daß das deutsche Volk unter allen anderen das „reinste"[209] sei[210] und es sich deshalb nicht vermischen dürfe, Ernst Moritz Arndt (1769-1850), bei dem die rassistische Argumentationsweise noch deutlicher zum Ausdruck kam, da er betonte, daß jede Vermischung von „Rassen" oder Völkern zu einer „Verbastardung der Völker"[211] führe[212], sowie Georg Friedrich Reitmeier, für den auch die Slawen als fremd und minderwertig galten.[213] Genauso rassistisch geprägt war Heinrich von Treitschkes (1834-1896) Urteil über die Slawen. Er pries die „schonungslosen Rassenkämpfe"[214], die die Deutschen schon im Mittelalter gegen die „kulturlosen"[215] Slawen geführt hätten.[216]

schaftlich nachprüfbaren Fakten, machten Carus zum Begründer der sogenannten Rassenseelenkunde. Auch Gobineau habe von ihm gelernt. Vgl. zu dieser Einschätzung RÖMER, S. 28.

[209] FICHTE, J. G., zit. nach Wippermann, S. 11.

[210] So schrieb Fichte diesbezüglich auch: „Der zu allererst, und unmittelbar der Betrachtung sich darbietende Unterschied zwischen den Schicksalen der Deutschen und der übrigen aus derselben Wurzel erzeugten Stämme ist der, daß die ersten in den ursprünglichen Wohnsitzen des Stammvolks blieben, die letzten in andere Sitze auswanderten, die ersten die ursprüngliche Sprache des Stammvolks behielten und fortbildeten, die letzten eine fremde Sprache annahmen, und dieselbe allmählich nach ihrer Weise umgestalteten." FICHTE, J. G.: Reden an die deutsche Nation (Philosophische Bibliothek; Bd. 204). Mit neuer Einleitung von Reinhard Lauth, mit Literaturhinweisen und Register, 5. durchgesehene Auflage nach deutschem Erstdruck von 1808, Hamburg 1978, S. 60.

[211] ARNDT, E. M., zit. nach Wippermann, S. 11.

[212] Gemeint waren hierbei, wie bei Fichte, vor allem die deutschen Juden. Vgl. hierzu WIPPERMANN, S. 11. So schrieb Arndt : „Die Juden als Juden passen nicht in diese Welt und in diese Staaten hinein, und darum will ich nicht, daß sie auf eine ungebührliche Weise in Deutschland vermehrt werden. Ich will es aber auch deswegen nicht, weil sie durchaus fremdes Volk sind und weil ich den germanischen Stamm so sehr als möglich von fremden Bestandteilen rein zu erhalten wünsche." ARNDT, E. M.: Blick aus der Zeit auf die Zeit, Germanien [d. i. Frankfurt] 1814, S. 188. Vgl. darüber hinaus seine Ausführungen über die Juden „Noch etwas über die Juden" EBENDA, S. 180-201.

[213] Vgl. WIPPERMANN, S. 11 f.

[214] TREITSCHKE, H. VON, zit. nach Wippermann, S. 12.

[215] EBENDA.

[216] Vgl. WIPPERMANN, S. 12 ff, der auf diesen Seiten neben den Ideologien des Antisemitismus und Antislawismus in Deutschland im 18. und 19. Jahrhundert auch auf die des Antiziganismus eingeht.

Wie man an den letzten Beispielen gesehen hat, wiesen die Ideologien des Antisemitismus, des Antislawismus und des Antiziganismus in Deutschland schon zu Beginn des 19. Jahrhunderts eindeutig rassistische Züge auf. Darüber hinaus vertritt Wippermann die These, daß es in Deutschland einen spezifischen, nämlich deutschen Rassismus gegeben habe.[217] Trotzdem aber war es kein Deutscher, sondern der Franzose Joseph Arthur Comte de Gobineau, der die erste und umfassendste Theorie des Rassismus entwickelte.[218]

5.3. Entwicklung der Rassenkonzepte bis Gobineau

Während sich im beginnenden Aufstieg Europas durch seine Expansion in Übersee die realhistorischen Grundlagen für den modernen euroamerikanischen Rassismus bildeten – in der Alten Welt der Antijudaismus, in der Neuen Welt die Sklaverei in der Rassengesellschaft –, entfaltete sich die theoretische Reflexion und Systematisierung der neuen Information.[219]

In den Zentren der expandierenden See- und Kolonialmächte liefen die neuen Erkenntnisse zusammen. Der Schwerpunkt der theoretischen Diskussion lag somit zunächst in der Alten Welt,[220] wobei sich der Schwerpunkt seit dem späten 17. Jahrhundert vor allem nach England und Frankreich verlagerte, entsprechend dem steigenden Gewicht dieser jüngeren westlichen Seemächte gegenüber den älteren, Spanien oder Portugal. Gegen Ende der Formierungsperiode beteiligte sich auch Deutschland an der allgemeinen westeuropäischen Diskussion, mit einem späteren überragenden Anteil Deutschlands am modernen Rassismus.[221]

---

[217] Vgl. EBENDA, S. 14.

[218] Bei der Sichtung der Literatur über die theoretische Grundlegung des modernen (Rasse-) Antisemitismus in Mittel- und Westeuropa im 19. und frühen 20. Jahrhundert fällt auf, daß hierzu vor allem Autoren und Ideologen wie de Lagarde, Dühring, Glagau/Marr, Fritsch und Drumont aufgeführt werden, im Gegensatz zu Gobineau. Zwar wird auch Gobineau in diesem Zusammenhang des öfteren erwähnt, allerdings nicht in bezug auf antisemitisches Gedankengut, sondern primär in seiner „Eigenschaft" als Rassentheoretiker.

[219] Vgl. GEISS, S. 141.

[220] Vgl. BITTERLI, S. 239 ff.

[221] Vgl. GEISS, S. 141.

Die beginnende theoretische Reflexion über die Struktur der Menschheit hielt, entsprechend den realhistorischen Lebensbedingungen in Europa und in Übersee, die beiden
Hauptstränge des sich formierenden Rassismus, den antijüdischen und den antinegriden,
weitgehend auseinander. Dabei stellten zahlreiche Autoren das kategoriale Rüstzeug für
den späteren Rassismus bereit. Das entscheidende Kriterium des modernen Rassismus
wurde dabei nicht die alleinige Verwendung des Schlüsselbegriffs „Rasse", sondern die
Behauptung biologisch konstanter, unveränderbarer „Rassen" mit unterschiedlichen
geistigen und moralischen Wertigkeiten, im Sinne von höher- oder minderwertig.[222]

Die Entdeckung außereuropäischer Menschengruppen warf dann, wie schon erwähnt,
ein neues Licht auf den Schöpfungsbericht der Bibel.[223] Bis ins 19. Jahrhundert hinein
versuchten verschiedene Autoren die Konsequenzen zu ziehen, mit den Alternativen des
Festhaltens an der Monogenese oder der Erklärung der anderen Gruppen durch die Polygenese.[224]

Im Zuge der naturwissenschaftlichen Klassifizierungen und der Tendenz zur anthropologischen Hierarchisierung seit dem Ende des 17. Jahrhunderts spielte der ältere Begriff
der „Großen Kette der Wesen"[225] eine zentrale Rolle. Die Einordnung des Menschen
machte es auch notwendig, über die Definition des Menschen nachzudenken und warf
die Frage auf, wer zur Menschheit gehöre.[226]

Die Autorität der Bibel, die seit dem späten 17. Jahrhundert allmählich schwand, wirkte
sich dabei zwiespältig aus. Zum einen dämpfte das monogenetische Bild der Genesis
und damit die Gleichheit aller Menschen den allmählich aufkommenden Proto-
Rassismus. Auf der anderen Seite erhielt aber erst jetzt im Zuge der Sklaverei die quasi-
rassistische Auslegung der Verfluchung Kanaans durch Noah ihr volles Gewicht.

Aus der Notwendigkeit, die Flut der neuen Kenntnisse, vor allem der rasch zunehmenden Reiseliteratur, zu systematisieren und zu strukturieren, ergab sich gegen Ende des

---

[222] Vgl. EBENDA, S. 142 ff. Auf diesen Seiten findet sich auch eine beispielhafte, tabellarische Übersicht von verschiedenen Rassenkonzepten.
[223] Vgl. hierzu auch Kapitel 3.3 und 5.3 dieser Arbeit.
[224] Vgl. hierzu auch RÖMER, S. 28 f.
[225] LOVEJOY, A. O. (1966), zit. nach Geiss, S. 147.
[226] GEISS, S. 147 f.

17. Jahrhunderts zwangsläufig die Tendenz zur Klassifizierung der Menschheit.[227] Zu erwähnen wäre hierbei wieder zuerst Bernier. Er benutzte den Schlüsselbegriff der „Rasse" zur anthropologischen Gliederung der Menschheit.[228] Dies geschah jedoch noch ohne wertende Abstufungen und ohne jede rassistische Absicht. Er stellte jedoch als erster eine naturwissenschaftlich gedachte Kategorie bereit, die sich ein knappes Jahrhundert später rassistisch ausfüllte.[229]

Der nächste große Entwurf stammte von Linné. Seine große Leistung in der modernen Wissenschaftsgeschichte ist verknüpft mit seiner Klassifizierung der Pflanzen- und Tierwelt in seinem Hauptwerk „Systema Natura" (1735), das noch heute der Botanik und Zoologie zugrunde liegt.[230] Ganz im Sinne der „Großen Kette der Wesen"[231] ordnete Linné – erstmals wieder seit Aristoteles – den Menschen in die Tierwelt ein, also in die Zoologie.[232] Darüber hinaus war es Linné, der dabei als erster den Weißen positive, den Schwarzen negative Werte moralischer Art zuordnete.[233]

Linné, der von der Unveränderlichkeit der Arten, die er als Urformen ansah, überzeugt war, nahm eigentlich keine „klassische" Rasseneinteilung vor. Er teilte alles Lebendige in Klassen (classes), Ordnungen (ordines), Geschlechter (genera) und Arten (species) ein.[234] Linnés Natursystem kannte den Entwicklungsgedanken noch nicht und entsprach ganz dem statischen Geschichtsbild der alten ständischen Gesellschaft. Der Artbegriff, den er wählte, war ein erbbiologischer, aber statisch und unhistorisch. Die Ursprünge aller Arten leitete Linné allein vom göttlichen Schöpfungsakt ab.[235] Diesem erbbiologischen Artbegriff stand die Milieutheorie gegenüber. Sie führte die physischen Unterschiede der Menschen auf das Klima zurück, auf die Arbeits- und Lebensweise, die Sitten und Gebräuche.[236]

---

[227] Vgl. hierzu auch BITTERLI, S. 325-366.
[228] Vgl. RÖMER, S. 18.
[229] Vgl. GEISS, S. 148.
[230] Vgl. hierzu auch BITTERLI, S. 211 ff.
[231] Vgl. EBENDA.
[232] Vgl. hierzu auch DITTRICH, S. 97 f.
[233] Vgl. GEISS, S. 148 f. Die von Linné den verschiedenen Unterarten zugeschriebenen seelischen Eigenschaften und Gemütsarten spiegeln dabei deutlich die Vorurteile europäischer Kolonisatoren wider. Vgl. RÖMER, S. 26.
[234] Vgl. hierzu ausführlicher RÖMER, S. 18.
[235] Vgl. MÜHLEN VON ZUR, S. 42.
[236] Vgl. MÜHLMANN, S. 42.

Bei Linné, wie bei allen anderen Klassifizierungen und Katalogisierungen, stand gewiß die Menschheit an der Spitze der Kette von Lebewesen, aber sie zerfiel ihrerseits in verschiedene Arten. So unterschied auch Linné unter der Rubrik „Homo" seines „Systema naturae" von 1758 (Erstauflage 1735) den Nachtmenschen (Orang-Utan) vom Tagmenschen (Homo sapiens), der seinerseits in vier menschliche Spezies normaler Form[237] und eine abnormaler Form[238] aufgeteilt wurde. Seine Klassifizierung war jedoch verhältnismäßig ungenau und stützte sich sowohl auf kulturelle wie auch auf biologische Kriterien. Aber sie brachte eine Hierarchisierung mit sich, und jede Gruppe nahm einen festgelegten Platz auf einer Skala ein.[239]

Linnés Einteilung war unter geographischen Gesichtspunkten nach den damals bekannten vier Erdteilen getroffen worden. Zugleich belebte sie die aus der Antike stammenden Lehre von den „Temperamenten", denn den verschiedenen Unterarten des Tagmenschen ordnete er verschiedene Temperamente, wie z. B. melancholisch oder phlegmatisch, zu.[240] Die Schwarzen wurden dabei von Linné als faul, nachlässig und von bösartigem Charakter beschrieben. Daraus ergebe sich nach Linné auch die Notwendigkeit willkürlicher Regierungsformen. Zur Legitimation kolonialistischer Expansion in Afrika und zur Versklavung der Schwarzen war eine solche Konstruktion von Rassenklassifikation zweifellos bestens geeignet.[241]

Die Neuerung, die das 18. Jahrhundert mit sich brachte, war die Behauptung, daß Unterschiede innerhalb der Menschheit auf verschiedene Faktoren zurückzuführen seien, wie etwa auf die Hautfarbe, klimatische Einflüsse, die Polygenese der Menschen und die physische und moralische Degeneration der farbigen „Rassen". So mischten sich dann auch kulturelle Gegebenheiten mit physischen, und die einen konnten als Folge der anderen gelten. Die Hautfarbe wurde jedoch das entscheidende Kriterium bei der Differenzierung der Menschheit. Damit traten langsam die kulturellen Eigenheiten, die alten kulturellen und religiösen Klassifizierungen, die früher als ausschlaggebend gal-

---

[237] Americanus rubesceus, Europaeus albus, Asiaticus luridus, Afer niger. Vgl. DITTRICH, S. 97 f *sowie* GEISS 143, 148 f.

[238] Monstrosus. Vgl. DITTRICH, S. 98.

[239] Vgl. POLIAKOV, Über den Rassismus, S. 78 f.

[240] Vgl. RÖMER, S. 18 f.

[241] Vgl. DITTRICH, S. 98. Vgl. dort auch die Darstellung der enormen Bedeutung Linnés, einmal als Begründer menschlich-sozialer, evolutionstheoretischer Konzepte als auch bei der Entwicklung von Rassenkonzepten. EBENDA, S. 98 f.

ten, in den zweiten Rang zurück oder wurden von den physischen Eigenheiten abgeleitet. Diese galten als unabänderlich und beeinflußten, wie man glaubte, das Verhalten der betreffenden Völker.[242]

Der schottische Bischof und Philosoph des Rationalismus David Hume (1711-1776) fügte 1753/54 seinem erstmals 1741 erschienenen Essay „Moral, Political und Literary" eine Anmerkung an, die bereits wesentliche Argumente des späteren Rassismus gegen Schwarze konzentriert zusammenfaßte. So seien die Neger den Weißen von Natur aus unterlegen. Es gebe keinerlei Zivilisation unter ihnen, und sie würden keinerlei Spur höheren Geistes zeigen. Bei Hume wurde der Zusammenhang von Sklaverei und Rassismus erstmals unübersehbar.[243] Wörtlich schrieb er:

> „I am apt to suspect the negroes to be naturally inferior to the whites. There scarcely ever was a civilized nation of that complexion, nor even any individual eminent either in action or speculation. No ingenious manufactures amongst them, no arts, no sciences."[244]

Zur selben Zeit wirkte in Frankreich die ältere Tradition der Monogenese (David Hume war ein Vertreter der Polygenese)[245] in Buffon noch nach.[246] Seine „Histoire naturelle de l'homme" (1749-1778) ging von der Einheit der Menschheit aus, die sich später vielfältig in Varietäten aufgefächert hätte. Buffon selbst lehnte die „Rasse" als Kategorie zur Klassifizierung der Menschheit ab und verwandte selbst einen „reichlich diffusen Rassenbegriff"[247], bei dem die Betonung der Umwelt eine Rolle spielte.[248]

Der erste und auffälligste Unterschied von verschiedenen „Rassen" war für Buffon der der Farbe. Damit wurde für ihn die Farbe der Menschen das entscheidende Kriterium zur Differenzierung der Menschheit. So schrieb Buffon beispielsweise:

> „Tout ce que nous avons dit jusqu'ici de la génération de l'homme, de la formation, de son développement, de son état dans différens âges de sa vie, de ses sens & de la structure de son corps, telle qu'on la connoît par les dissections anatomiques, ne fait encore que l'histoire de

---

[242] Vgl. POLIAKOV, Über den Rassismus, S. 79 f, S. 88 f. Vgl. auch ausführlich zum Rassismus in der Aufklärung aus soziologischer Sicht DITTRICH, S. 99-110.

[243] Vgl. GEISS, S. 149.

[244] HUME, D.: Essays, moral, political and literary. Edited and with a Foreword, Notes, and Glossary by Eugene F. Miller (Liberty Classics), revised edition, Indianapolis 1987, S. 208.

[245] Vgl. BITTERLI, S. 327 ff.

[246] Vgl. EBENDA.

[247] MÜHLMANN, S. 48.

l'individu, celle de l'espèce demande un détail particulier, dont les faits principeaux ne peuvent se tirer que des variétés qui se trouvent entre les hommes des différens climats. La première & la plus remarquable de ces variétés est celle de la couleur, la seconde est celle de la forme & de la grandeur, & la troisième est celle du naturel des différens peuples [...]."[249]

Als Hauptgrund für die Verschiedenheiten innerhalb des Menschengeschlechts galt für ihn das Klima.[250] Seine Einteilung stützte sich auf Reiseberichte, in denen Europäer ihre Beobachtungen von fremden Völkern niedergelegt hatten.[251]

Mit Kant erreichte die neue anthropologische Diskussion auch Deutschland. Zwar läßt sich bei Kant eine allmähliche Ideologisierung des Rassenbegriffs nachweisen, doch unterschied er die „Rassen"[252] ohne moralische Wertungen.[253] Er beschränkte seinen Rassenbegriff deutlich auf die körperlichen Eigentümlichkeiten von Menschengruppen. Charakterliche und kulturelle Gegebenheiten und Einwirkungen wurden von ihm nicht in Betracht gezogen.[254]

Sowohl Kant als auch Blumenbach war es zu „verdanken", daß der Begriff der „Rasse" beim Menschen „wissenschaftlich" zu gebrauchen war,[255] da er sich gegen solche Theorien verwahrte, die die Mannigfaltigkeiten innerhalb der menschlichen Gattung einzig aus der biblischen Schöpfungsgeschichte herleiteten.[256] Trotzdem war Kant ein Anhänger der Monogenese.[257] Er griff in seiner Anthropologie sowohl auf die Erb- als auch auf die Milieutheorie zurück.[258]

---

[248] Vgl. EBENDA, GEISS, S. 149 *sowie* BITTERLI, S. 349 ff.
[249] BUFFON, G. DE.: Histoire de l'homme (Histoire naturelle, générale et particulière; 5), par M. de Buffon, nouvelle édition, Paris 1769, S. 2 f.
[250] Vgl. POLIAKOV, Über den Rassismus, S. 79 ff.
[251] Vgl. RÖMER, S. 18.
[252] Vgl. hierzu die Ausführungen in Kapitel 5.2 dieser Arbeit.
[253] Vgl. GEISS, S. 149 f.
[254] Vgl. BITTERLI, S. 346.
[255] Vgl. auch RÖMER, S. 19, die an dieser Stelle darauf hinweist, daß es nach allgemeiner Überzeugung Kant war, der den Begriff der Rasse in die Anthropologie, und zwar als rein zoologische Kategorie, einführte.
[256] Vgl. BITTERLI, S. 345 ff. Durch Kant wurde auch die Vererbung mit allem Nachdruck als wesentliches Kriterium in die Rassenlehre eingeführt. Nur „unausbleiblich anerbende" (KANT, I., zit. nach Bitterli, S. 346) physische Merkmale dürften bei der Unterscheidung und Klassifikation von „Rassen" in Betracht gezogen werden.
[257] Vgl. BITTERLI, S. 327 ff.
[258] Vgl. MÜHLEN VON ZUR, S. 42.

Inzwischen hatte sich in der Neuen Welt die Negersklaverei als ökonomisches und soziales System so fest etabliert, daß das Anschauungsmaterial für die Schwarzen aus der Sklaverei in Amerika kam. Um 1775 hatten real- und geistesgeschichtliche Faktoren Veränderungen im euroamerikanischen Bewußtsein bewirkt, die sich als Beginn des Rassismus im engeren Sinne datieren lassen. Während die allgemeinen historischen Rahmenbedingungen[259] die realhistorischen Voraussetzungen für die Formierung und den Aufstieg des Rassismus bereitstellten, ging die theoretische Verarbeitung weiter.[260] Aus der verwirrenden Fülle unterschiedlicher Theorieentwürfe kristallisierte sich vor allem die Einteilung der Menschheit in drei „Rassen" heraus – in Weiße, Gelbe und Schwarze.[261]

Nach dem Mansfield-Urteil von 1772, das die Sklaverei in England als ungesetzlich erklärte, und als Reaktion auf die darauf folgende junge Abolitionismusbewegung erschien in der Neuen Welt, in der englischen Kolonie Jamaika, 1774 Edward Longs einschlägiges Kapitel im zweiten Band seiner dreibändigen „History of Jamaica".[262]

In diesem Kapitel bündelte er ältere negative Stereotypen und Vorurteile gegen Schwarze zu ihrer rassistischen Degradierung. Long, der Schwarze nur als Sklaven auf der untersten Stufe der Gesellschaft kannte, war geprägt durch die Gesellschaftsstruktur der Plantagensklaverei Jamaikas. Er vertrat die Polygenese bis zum Extrem,[263] bestritt die Einheit der Menschheit und schloß die Schwarzen aus der Menschheit aus. Er betonte nachdrücklich die animalische, tierhafte Natur der Schwarzen und die menschenähnlichen Züge der Menschenaffen.

In den darauffolgenden Jahren, im Zuge der ersten Sklavenemanzipation im britischen Kolonialreich 1834, radikalisierte sich der Abolitionismus in den USA. Zur Verteidigung der Sklaverei entstand in den Südstaaten seitdem eine Literatur mit beachtlichem intellektuellen und literarischen Niveau. Die Hauptargumente für die Sklaverei waren, daß es die Sklaverei schon immer gebe und sie daher gottgewollt sei. Außerdem seien die Afrikaner rassisch minderwertig und würden, gemäß dem Fluch Noahs, nur als

---

[259] Vgl. hierzu GEISS, S. 151-158.
[260] Vgl. EBENDA, S. 151.
[261] Vgl. für eine schematische Übersicht EBENDA, S. 142-144.
[262] Vgl. hierzu und im folgenden EBENDA, S. 159.
[263] Vgl. hierzu auch BITTERLI, S. 327 ff.

Sklaven taugen. Diese Denkmuster waren für die Formierung des Rassismus um so bedeutender, bewegten sie sich doch ganz im Hauptstrom des aufkommenden modernen Rassismus.[264]

Im Jahr 1775 war die nicht rassistisch gedachte Unterteilung der Menschheit des Göttinger Anthropologen Blumenbach erschienen.[265] Er nahm eine Hierarchisierung der „Rassen" nach ästhetischen Gesichtspunkten vor, an deren Spitze der Europäer stand. Andererseits focht Blumenbach gegen den Rassismus seiner Zeit. Als historisch wirksamer erwies sich jedoch seine wertende Abstufung der Menschheit. Auf ihn ging die weitverbreitete Kategorie der Kaukasier zurück, die als Weiße die Europäer und die Semiten umfaßte, ferner die Mongolen (Gelbe) und Schwarze (Äthiopier). Hinzu kamen bei ihm noch die Amerikaner und die Malayen.[266] Diese Einteilung war jedoch nicht anatomisch, sondern geographisch begründet. Und obwohl Blumenbach Kraniologe war, stützte er seine Rasseneinteilung im wesentlichen auf die Hautfarbe.[267]

Mit Kant stimmte er damit überein, daß sich die Unterscheidung der „Menschenrassen" auf körperliche Merkmale beschränke.[268] Auch Blumenbach vertrat den monogenetischen Standpunkt und legte Wert darauf, die Grenzen zwischen den „Rassen" als fließend zu betrachten.[269] Darüber hinaus wollte Blumenbach seinen Rassenbegriff nicht zu eng gefaßt sehen, wies er doch in seinen Beschreibungen schon implizit auf das Vorhandensein rassischer Untergruppen hin. Dabei vermutete er in der rassischen Aufteilung der Gattung nicht ein einmaliges und abgeschlossenes Ereignis, sondern sah darin einen historischen Prozeß, dem auch die Weißen unterworfen waren.[270]

---

[264] Vgl. GEISS, S. 160. Vgl. zu den kritischen Stimmen zum Kolonialismus und zum Sklavenhandel von Autoren und Gelehrten wie Quesnay, Smith, Voltaire, Mirabeau, Bentham, Raynal und anderen POLIAKOV, Über den Rassismus, S. 84 ff.
[265] Blumenbach gilt als Begründer der modernen physischen Anthropologie und zugleich als Vater der europäischen Rassenkunde. Vgl. RÖMER, S. 19.
[266] Vgl. GEISS, S. 160.
[267] Vgl. RÖMER, S. 20.
[268] Vgl. BITTERLI, S. 347 f. Römer betont trotzdem, daß, obwohl das Werk Blumenbachs noch eine starke biologisch-zoologische und neutrale Intention hatte, doch auch bei ihm die Rassenwertung schon durchschlagen würde. Denn obwohl Blumenbach darauf hinwies, daß die Unterscheidung der Menschheit auf körperliche Merkmale zu beschränken sei, verwandte er für die Völker der europäischen Varietät Bezeichnungen wie „die best gebildetsten Menschen" (BLUMENBACH, J. F. (1779), zit. nach Römer, S. 26) und schrieb bei den Asiaten über die „Schlechtigkeit und Treulosigkeit in der Anlage und in den Sitten" (BLUMENBACH, J. F. (1781), zit. nach Römer, S. 26). Vgl. RÖMER, S. 26.
[269] Vgl. BITTERLI, S. 327 ff.
[270] Vgl. EBENDA, S. 347 f *sowie* RÖMER, S. 19 f.

Sein Göttinger Kollege, der Philosoph Meiners, schrieb die erste Weltgeschichte vom Rassenstandpunkt aus und leitete den Rassismus der Alten Welt in aller Form ein.[271] In seinem „Grundriß der Geschichte" vertrat er die nach damaligem Forschungs- und Diskussionsstand scheinbar modernste und fortschrittlichste Position – jene der Polygenese. Somit gab es für ihn ursprünglich verschiedene „Menschenrassen" mit erblichen und unauslöschlichen Merkmalen, und er stufte die „Rassen" nach Werten hierarchisch ab.[272] Er vertrat die Hypothese einer schon in ihren Anfängen zweigeteilten Menschheit, innerhalb derer die Weißen die Oberschicht und die Farbigen die Unterschicht bildeten.[273]

Für Meiners konnte eine Vermischung von edlen und unedlen „Rassen" zur Entartung der edleren „Rassen" führen.[274] Sein prägender Einfluß läßt sich daran ablesen, daß seine Rassentheorie schon die wesentlichen Züge der späteren Theorie Gobineaus enthält.[275] So war auch Meiners der Überzeugung, daß die „Rasse" der einzige Geschichte gestaltende Faktor sei.[276]

5.4. Entwicklung der Rassentheorien bis Gobineau

Auf der Suche nach Rassentheorien und Theorien mit ähnlichen Elementen wie die späteren, im damaligen Sinne naturwissenschaftlichen Theorien des 19. Jahrhunderts in der Geschichte der Menschen, wird man zuerst bei Aristoteles fündig.[277] So schreibt Dittrich darüber:

„Wir finden also bei Aristoteles bereits ähnliche Elemente wie in Rassentheorien:

---

[271] Vgl. auch BITTERLI, S. 356 ff *sowie* WIPPERMANN, S. 10.
[272] Vgl. hierzu auch RÖMER, S. 27.
[273] Vgl. MÜHLMANN, S. 59 ff *sowie* MÜHLEN VON ZUR, S. 45 f.
[274] Vgl. GEISS, S. 161.
[275] Vgl. MÜHLMANN, S. 61. Vgl. des weiteren zur Fortführung der ästhetisierenden Irrationalisierungen bei Camper, Lavater und Vireys GEISS, S. 161 *sowie* BITTERLI, S. 354 ff, 356 ff.
[276] Vgl. RÖMER, S. 27, die an dieser Stelle auch explizit ausführt, daß Meiners ein Vorläufer Gobineaus war. Vgl. darüber hinaus auch die Ausführungen Poliakovs zu Meiners, der ihn als Vorläufer der Kulturanthropologie ansieht. POLIAKOV, S. 204 ff. Nach Poliakov habe sich Meiners von den gängigen Ideen seiner Zeit abgehoben und die damalige Auffassung vom unilinearen Fortschritt der Kultur bekämpft.
[277] Vgl. DITTRICH, S. 64.

- Soziale Ungleichheit wird in Termini natürlicher Anlagen erklärt;
- die sozialen Rangunterschiede als natürliche sind im besten Interesse der beteiligten Gruppen und im Einklang mit der natürlichen Ordnung;
- die Natürlichkeit der Rangunterschiede wird aus Taxonomien aus dem Bereich der Tierwelt, der Pflanzenwelt, der Mineralien oder ähnlichem qua Analogieschluß abgeleitet: bei Aristoteles in einem empirisch-biologischen Verfahren;
- Veränderungen der sozialen Beziehungen resultieren aus Fehlern der Herrschenden, überformen die natürliche Ordnung, ohne sie aber verändern zu können."[278]

Dies hätte aber bedeutet, daß durch das Recht des Stärkeren als legitimationskonstituierende Instanz sozialer Wandel zugelassen worden wäre, ohne daß das Prinzip, daß es qua Natur Herrschende und Beherrschte gebe und geben müsse, angetastet worden wäre. Das hieße aber, daß die sozialen Rangunterschiede letztlich nicht biologisch, sondern kulturell begründet wurden. Damit habe Aristoteles folglich keine Rassentheorie erdacht, aber eine Herrschaftstheorie geschrieben, die auch zur Legitimation rassistischer Systeme benutzt werden könne.[279]

Des weiteren führt Dittrich aus, daß

„im Altertum wie im Mittelalter [...] Rasse als Kategorie der Reflexion nicht begründungspflichtig sein [konnte], weil Natur- und Sozialwelt als Einheit gedacht wurden und folglich das Problem der Rolle von Rassen in der Geschichte so nicht auftauchen konnte. Die Möglichkeit der Klassifikation von Menschengruppen war ab ovo begrenzt, da ihre Orte in der Menschengesellschaft durch Götter oder Gott festgelegt waren."[280]

Dies änderte sich aber durch das Aufkommen der Naturwissenschaften, da von nun an die Natur insgesamt als System der Materie aufgefaßt wurde. Das bedeutete aber, daß der Mensch als Teil der Natur, sein Handeln als gleichbleibenden Gesetzen unterworfen gedacht werden konnte. Das galt dann auch für die Kategorie der „Rasse" als Element zur Kennzeichnung von Gruppenzugehörigkeit beim Menschen als Teil der Natur. Damit wurde die Selbstaufklärung der Menschen über sich als Teil der Natur möglich.[281]

---

[278] EBENDA, S. 67.
[279] Vgl. EBENDA, S. 67 ff.
[280] EBENDA, S. 112.
[281] Vgl. EBENDA, S. 111. Vgl. des weiteren zu Einzelheiten über das Weltbild des wissenschaftlichen Rassismus EBENDA, S. 111 ff.

In der „Disziplin Geschichte" existierten schon Rassentheorien, bevor die „Rasse" in der Humanbiologie und der Anthropologie zu einem zentralen Terminus wurde. Diese historischen Rassentheorien gingen im Laufe des 19. Jahrhunderts eine immer enger werdende Verbindung mit den im damaligen Sinne naturwissenschaftlichen Theorien ein, wie der Erb- und Selektionslehre oder der kraniologischen Anthropologie, allesamt Hervorbringungen der positivistischen Epoche.[282]

Dabei lassen sich nach Schütz bei den historischen Rassentheorien grundsätzlich zwei Ansätze, in Abhängigkeit des Interesses des Historikers, unterscheiden. Dieses konnte sich entweder auf die Nationalgeschichte oder auf die gesamte Zivilisationsgeschichte richten. Bezog sich das Interesse vor allem auf die Nationalgeschichte, so tendierten die Konzeptionisten dieser Rassentheorien dazu, verschiedene Stände und Klassen als ursprünglich verschiedene „Rassen" zu begreifen.

Umfaßte dieses Interesse jedoch die gesamte Zivilisationsgeschichte, so war seine Perspektive universal. Solch eine universalgeschichtliche Rassentheorie setzte jedoch ethnographisches Wissen voraus, und daher trat diese Richtung verstärkt erst in einer Zeit auf, als durch viele Reiseberichte solches Wissen reichlich vorhanden war. Außerdem spielten für die Entwicklung der universalhistorischen Rassentheorien die Erkenntnisse der vergleichenden Sprachwissenschaft eine Rolle.

Beide Ansätze waren in der Regel ideologisch motiviert und durch Werturteile eingefärbt. Entsprechend einfach ließen sie sich miteinander kombinieren. Der nationalhistorische Ansatz, der sich direkt von der alten genealogischen Bedeutung des Rassenbegriffs herleitete,[283] war der frühere von beiden.[284]

So waren sich beispielsweise in Frankreich zum größten Teil die Historiker zur Zeit des Sonnenkönigs einig, daß der Adel nur von den Franken abstamme.[285] Loyseau, ein berühmter Autor aus dieser Zeit, schrieb:

---

[282] Vgl. SCHÜTZ, S. 42.
[283] Vgl. hierzu auch die Ausführungen in Kapitel 3.1 dieser Arbeit.
[284] Vgl. SCHÜTZ, S. 42.
[285] Vgl. POLIAKOV, Der arische Mythos, S. 36. Vgl. weiterhin zu den Genealogien in der Zeit vor dem Sonnenkönig sowie zu anderen Abstammungstheorien in dieser Zeit EBENDA, S. 33 ff. Vgl. hierzu auch YOUNG, S. 14 ff. Young beschreibt auf diesen Seiten in kurzen Zügen die Kontroverse zwi-

„Die siegreichen Franken waren Adelige, die besiegten Gallier waren gemeine Leute. Die fränkischen Eroberer behielten sich das Waffenhandwerk, die öffentlichen Geschäfte und die Nutzung der Lehensgüter vor [...].“[286]

Und Mézéray führte bezüglich den Franken aus:

„Eine stolze, kühne, kriegerische Nation, der man dennoch keinerlei Grausamkeit vorwerfen kann, und um vieles menschlicher als die anderen nordischen Völker.“[287]

Auch bei Mézéray kamen die Franken als Befreier nach Gallien. So sah von da an die offizielle Wahrheit aus, die man samt dem fränkischen Stammbaum zu berücksichtigen hatte.[288] Was darauf folgte, war der Streit der zwei „Rassen“, bei dem es um die Frage nach der Herkunft des französischen Volkes ging. Dieser Streit wurde von den Wortführern des Adels ausgelöst, dessen Stellung und Vorrechte durch den Absolutismus beschnitten waren. Damit handelte es sich anfangs um politische Propaganda und auch um subversive Schriften, die unter der Hand verbreitet wurden. Darin verwendete die unzufriedene Klasse das uralte Argument der „Rasse“, um eine Freiheit und Gleichheit zu rechtfertigen, die sie ausschließlich für sich selbst beanspruchte.[289] Deshalb lag ihr viel daran, das Wort „gallisch“ in Verruf zu bringen.[290]

Im Jahr 1727 erschien die adelsfreundliche Streitschrift „Histoire de l'ancien gouvernement de la France“ des Grafen Henri de Boulainvilliers (1658-1722) sowie 1732 seine Schrift „Essais sur la noblesse de France“, in welchen er die einerseits durch den Absolutismus begrenzte und andererseits durch die beginnende Erstarkung des Bürgertums gefährdete Macht seines Standes mit dessen fränkischer Abstammung rechtfertigte.[291] Das Blut der germanischen Eroberer Galliens fließe nur in den Adern des Adels,

---

schen den Vertretern einer gallo-romanischen und einer germanischen Tendenz bei den französischen Historikern des 17. und 18. Jahrhunderts.

[286] LOYSEAU, zit. nach Poliakov, Der arische Mythos, S. 38.

[287] MÉZÉRAY, F. de (1646), zit. nach Poliakov, Der arische Mythos, S. 38.

[288] Vgl. POLIAKOV, Der arische Mythos, S. 38.

[289] Vgl. auch POLIAKOV, Über den Rassismus, S. 91 ff.

[290] Die erste bekannte Schrift dieser Art wird dem Abbé Jean le Laboureur zugeschrieben. Er betonte, daß die Franzosen alle gleich waren und sich nur durch ihre Verdienste unterschieden, während die Gallier sich den Siegern ergaben und unterjocht blieben. Vgl. POLIAKOV, Der arische Mythos, S. 40.

[291] Vgl. auch POLIAKOV, Über den Rassismus, S. 91 ff, RÖMER, S. 26 *sowie* MÜHLEN VON ZUR, S. 33 f.

während sich der Dritte Stand hingegen aus den Nachkommen der ehedem zu Leibeigenen unterworfenen gallo-romanischen Bevölkerungsschichten zusammensetze.[292]

Boulainvilliers' Frankenlegende unterschied sich jedoch von den späteren Rassenlehren dadurch, daß sie nicht von einer biologischen Überlegenheit der fränkischen Eroberer ausging. Außerdem wiesen nach dieser Legende auch beide Völker keine unterschiedlichen anthropologischen Qualifikationen auf. Der Herrschaftsanspruch war nach Boulainvilliers allein durch das juristisch-politisch überlieferte Ergebnis des Eroberungsaktes begründet.[293]

Damit stellte die Frankenlegende des Comte de Boulainvilliers jedoch auch den Versuch dar, Herrschaftsansprüche und die bestehende (oder kurz zuvor beseitigte) gesellschaftliche Ungleichheit als historisch zwangsläufig, notwendig und als mit der Weltordnung in Einklang stehend darzustellen. Die politische Absicht lag dabei klar auf der Hand, ging es doch um die Legitimation restaurativer Ideen des französischen Adels und damit um die propagandistische Nutzung der Frankenlegende als Instrument des Adels zur Erlangung alter Privilegien.[294]

Generationen von französischen Historikern wurden von dieser „Idee" des Streits der zwei „Rassen",[295] insbesondere während und nach der Revolution, beeinflußt.[296] Unabhängig davon, ob die Geschichtsschreiber auf der Seite des Adels oder auf der des Bürgertums standen, beide politisch-ideologischen Lager erklärten die gesellschaftlichen Konflikte gern aus einer Rivalität der „Rassen" heraus. Dieser innerfranzösische Rassengegensatz reichte dabei angeblich bis zu den Ursprüngen der Völkerwanderungszeit zurück.[297]

---

[292] Vgl. SCHÜTZ, S. 42 f sowie MÜHLMANN, S. 81. „Alle Gunst der Monarchen kann nur Titel oder Privilegien vermitteln, sie ist aber nicht imstande, ein anderes Blut in ihren Adern fließen zu lassen als jenes, das sich natürlicherweise dort befindet." BOULAINVILLIERS, H. GRAF DE (1727 erschienen), zit. nach Poliakov, Der arische Mythos, S. 40. Diese Spitze richtete sich gegen die Königsmacht und gegen das geadelte Bürgertum. Vgl. EBENDA, S. 40.

[293] Vgl. ARENDT, H.: Elemente und Ursprünge totaler Herrschaft. Aus dem Englischen von der Verfasserin, München/Zürich 1986, S. 268.

[294] Vgl. MÜHLEN VON ZUR, S. 40.

[295] Vgl. hierzu auch GEISS, S. 156.

[296] Vgl. SCHÜTZ, S. 43 sowie POLIAKOV, Der arische Mythos, S. 40 ff.

[297] Vgl. SCHÜTZ, S. 43.

Diese Gegenüberstellung einer gallischen „Rasse" des Bürgertums gegenüber einer A-ristokratie fränkischer „Rasse" im Zuge der Revolution in Frankreich hatte zur Folge, daß namhafte Autoren begannen, innerhalb der weißen „Rasse" Unterabteilungen aufzustellen. Infolge der Verwechslung zwischen Sprache und „Rasse" führte dies später auch dazu, daß man der „arischen Rasse" eine „semitische Rasse" gegenüberstellte. Darüber hinaus führte die neue wissenschaftliche Einstellung, die aus der physischen Anthropologie hervorging, dazu, daß man die Geschichte aufgrund von Rassenkriterien neu zu interpretieren versuchte. Anlaß dazu waren die Französische Revolution und die inneren Zwiste, unter denen Frankreich jahrzehntelang zu leiden hatte. Die Biologie (in ihrer symbolischen Form der „Rasse") und der Determinismus sind dabei die Schlüssel zur Geschichte.[298]

Beeinflußt durch den Historiker Augustin Thierry (1795-1856)[299] und seinen Bruder Amédée Thierry (1797-1873)[300], warf der Ethnologe William Frederic Edwards (1776/77-1842) als erster das Problem der Identifizierung historischer „Rassen" mit bestimmten anthropologisch klassifizierbaren, konstanten „Rassen" auf. Dies war im positivistischen Zeitalter eine verführerische Fragestellung, da sie die Möglichkeit zu versprechen schien, auf der (materiellen) Grundlage der „Rasse", die Geschichte in die Naturgeschichte zu integrieren und die Schicksale der Völker als Teil eines umfassenden natürlichen Prozesses zu verstehen.[301]

---

[298] Vgl. POLIAKOV, Über den Rassismus, S. 89, 91.

[299] Vgl. hierzu MÜHLMANN, S. 82, POLIAKOV, Der arische Mythos, S. 46 ff *sowie* SCHÜTZ, S. 43. So schrieb Thierry: „Les nouvelles recherches physiologiques, d'accord avec un examen plus approfondi des grands événements qui ont changé l'état social des diverses nations, prouvent que la constitution physique et morale des peuples dépend bien plus de leur descendance et de la race primitive à laquelle ils appartiennent, que de l'influence du climat sous lequel le hasard les a placés." THIERRY, A.: Sur l'histoire d'Écosse et sur le caractère national des Écossais (1824); vgl. Thierry, A.: Dix ans d'études historiques par Augustin Thierry. Nouvelle édition. Revue avec le plus grand soin (Oevres de Augustin Thierry; II), Paris (circa) 1880, S. 156. Des weiteren schrieb er: „Le ciel nous est témoin que ce n'est pas nous qui les avons attestés les premiers, qui avons les premiers évoqué cette vérité sombre et terrible, qu'il y a deux camps ennemis sur le sol de la France. Il faut le dire, car l'histoire en fait foi: quel qu'ait été le mélange physique des deux races primitives, leur esprit constamment contradictoire a vécu jusqu'à ce jour dans deux portions toujours distinctes de la population confondue. [...] On ne peut contester ici que la filiation naturelle, la descendance politique est évidente. Donnons-la donc à ceux qui la revendiquent, et nous, revendiquons la descendance contraire." THIERRY, A.: Sur l'antipathie de race qui divise la nation française (1820); vgl. THIERRY, Dix ans, S. 279 f. Vgl. darüber hinaus zu Augustin Thierry YOUNG, S. 38 ff.

[300] Vgl. zu Amédée Thierry YOUNG, S. 48 ff.

[301] Vgl. SCHÜTZ, S. 43 *sowie* zu Edwards weiter unten.

Thierry, wie auch Guizot[302] oder Michelet[303], gaben mehr oder minder zu, daß die Ge-
gensätze der „Rassen" eine der französischen Geschichte sehr förderliche Rassenmischung hervorgebracht habe. Dennoch blieb der grundlegende Gegensatz bestehen, und
der ständische Unterschied zwischen Adel und übriger Bevölkerung wurde auf die
„Rasse" zurückgeführt.[304]

Der Streit der zwei „Rassen" hatte dabei drei folgenschwere Weiterungen:[305]

> „- Die Rasse war zu einem Faktor geworden, durch den sich die Geschichte erklären ließ, eine
> mit anderen gleichberechtigte Ursache, vielleicht sogar die Hauptursache politischer Ge-
> gensätze;
> - von nun an ging die Einteilung der Menschheit in »Rassen« weit über den Rahmen der im
> 17. und 18. Jahrhundert vorgeschlagenen Klassifikation hinaus. Man stellte nicht allein
> Weiße, Schwarze, Indianer und Gelbe einander gegenüber. Innerhalb der europäischen
> Gruppe gab es »historische« Rassen, die so sehr voneinander verschieden waren, wie es die
> weiße und die schwarze Rasse nur sein konnten. Die weiße »Rasse«, bis dahin ein Beispiel
> monolithischer Vollkommenheit, ließ sich in »Unterrassen« zerlegen;
> - diese Unterteilung, hervorgegangen aus politisch-historischen Situationen von brennender
> Aktualität, konnte nicht vermeiden, daß gewisse Untergruppen zum Schaden anderer auf-
> gewertet wurden."[306]

Augustin und Amadée Thierry waren somit die eigentlichen „Verantwortlichen" für den
Gebrauch des Begriffs der „Rasse" als soziale Kategorie. Sie sahen die Geschichte als
eine Geschichte von Rassenkämpfen an, unter denen sie aber eher Klassenkämpfe verstanden. Und als Augustin Thierry schrieb, daß sowohl die Geschichte als auch die Physiologie den dominierenden Einfluß der „Rasse" beweisen würden, schien es so, als ob
Thierry in der „Rasse" bereits den primären Motor gesehen habe.[307]

Doch mußte erst eine Brücke geschlagen werden zwischen den alten, imaginären „Rassen" der europäischen Mythologien und Überlieferungen zu jenen, die nun von den
Anthropologen im Weltmaßstab registriert worden waren. Dies schien zunächst eine

---

[302] Vgl. zu Guizot YOUNG, S. 60 ff.
[303] Vgl. zu Michelet EBENDA, S. 74 ff.
[304] Vgl. MÜHLEN VON ZUR, S. 35 f.
[305] Vgl. POLIAKOV, Über den Rassismus, S. 93.
[306] EBENDA, S. 93.
[307] Vgl. POLIAKOV, Der arische Mythos, S. 255.

unlösbare Aufgabe zu sein, waren doch die historischen „Rassen", die im allgemeinen von einem mythischen Ahnen abstammten, nichts anderes als die alten Völker Europas, und die großen „Klassifikatoren" des 18. Jahrhunderts hatten sich damit begnügt, sie der weißen „Rasse" zuzuordnen. Die neue Geschichtsbetrachtung, vom aufkeimenden Nationalismus stimuliert, „zwang" zur Suche nach physiologischen Unterteilungen innerhalb der weißen „Rasse". Diese Unterteilungen führten jedoch zumeist zur Verwechslung der „Rassen" mit den alten Völkern oder Kulturen mit europäischen Sprachen. So kamen dann auch die französischen und englischen Anthropologen zu dem Schluß, daß es auf ihrem Boden zwei oder mehrere „Rassen" geben müsse.[308]

Edwards ahnte diesen Zwiespalt. In einem Brief, den er 1829 an Amédée Thierry schrieb, warf er, wie schon weiter oben angeführt, das Problem der Entsprechung zwischen historischen und physiologischen „Rassen" auf. So schrieb er:

„Sie behaupten das Vorhandensein historischer Rassen, die ganz und gar unabhängig sein können von jenen, welche die Naturwissenschaft kennt. Sie haben das Recht dazu, denn jede Wissenschaft hat ihre Prinzipien; es kann aber auch sein, daß Sie, wenn Sie diesen Prinzipien folgen, zu demselben Resultat gelangen, das man erhält, wenn man eine andere Wissenschaft anwendet."[309]

Dadurch entstand tatsächlich sofort „Verwirrung",[310] schlug Edwards doch vor, sozusagen nachzuforschen

„bis zu welchem Grad die Unterscheidungen, welche die Geschichte zwischen den Völkern trifft, mit den natürlichen Unterschieden übereinstimmen können"[311].

Andererseits stellte er fest, daß

„Völker, die sich in verschiedenen Klimazonen niedergelassen haben, ihre Eigenart durch Jahrhunderte bewahren können"[312].

---

[308] Vgl. EBENDA *sowie* MÜHLMANN, S. 48.
[309] EDWARDS, W. F. (1829), zit. nach Poliakov, Der arische Mythos, S. 256.
[310] Vgl. hierzu und im folgenden POLIAKOV, Der arische Mythos, S. 256 f.
[311] EDWARDS (1829), zit. nach Poliakov, Der arische Mythos, S. 256.
[312] EBENDA.

Und indem Edwards den Kritiken der alten Klimatheorie neue hinzufügte, warf er ein doppeltes Problem auf. Zum einen war dies das Problem der dauernden Erblichkeit von Rassenmerkmalen und zum anderen das Problem der strengen Korrelation von Physis und Moral, die von anderen Autoritäten, wie beispielsweise Cabanis[313] oder Broussais, postuliert wurden. Edwards selbst aber suchte Unterscheidungen je nach dem einzelnen Fall zu treffen. So schien ihm beispielsweise der Fall der Juden für eine absolute rassische Beständigkeit zu sprechen:

> „Ich nenne ein Beispiel, das keinen Zweifel zuläßt. Die Züge der Juden sind so deutlich ausgeprägt, daß man sie kaum verkennen kann; und da man sie in allen Ländern Europas findet, gibt es keinen Volkstypus, der bekannter und leichter erkennbar wäre. Man könnte sie als gleichrassige Kolonien betrachten, die in diesen Gegenden entstanden sind [...] Das Klima hat sie den Völkern, unter denen sie wohnten, nicht angeglichen."[314]

Jedoch war er sich nicht sicher, ob es sich immer so verhalten würde, da er der Ansicht war, daß nicht alle Völker gleichermaßen widerstandsfähig seien. Edwards hatte damit aber im Endeffekt, sozusagen interdisziplinär, das Problem des Rassendeterminismus aufgeworfen, aus welchem gleichzeitig andere, heute zum Teil vergessene, zeitgenössische Autoren versuchten, ohne Rücksicht auf Edwards Skrupel und Fragen, ein universelles Erklärungsprinzip zu machen.

Darüber hinaus sah Edwards die Juden als „Rasse" an. Hatte man sich im Jahrhundert davor noch begnügt, die Juden der weißen „Rasse" zuzuzählen und ihr besonderes Schicksal entweder der Vorsehung oder der „Verkommenheit der Juden" zuzuschreiben, wurde nun die historische „Rasse" der Juden, sozusagen im Zeichen der Zeit, in den Rang einer physiologischen „Rasse" erhoben.

Das Ziel von Victor Courtet (1813-1867), Mitglied in Edwards' Société ethnologique, war es dann, die historische Entwicklung der Gesellschaftsformen und ganz allgemein der Zivilisation physiologisch zu erklären.[315] Das bedeutete, daß er diese Entwicklung alleinig auf das Prinzip der „Rasse" zurückführen wollte, wobei das treibende Prinzip

---

[313] Vgl. zu Cabanis und seinem zwischen 1795 und 1798 verfaßten Werk „Rapports du physique et du moral de l'homme" POLIAKOV, Der arische Mythos, S. 247 ff.

[314] EDWARDS (1829), zit. nach Poliakov, Der arische Mythos, S.256, Anm. 34.

[315] Vgl. hierzu auch POLIAKOV, Der arische Mythos, S. 258 ff.

für ihn die Kreuzung oder Mischung der „Rassen" darstellte. Courtet gelangte bereits Mitte der dreißiger Jahre, und damit lange Zeit vor Gobineau, vom Fallbeispiel der französischen Nation aus abstrahierend, zu der Überzeugung, daß der Ursprung jeder hierarchischen Gesellschaft letztlich in der Ungleichheit der „Rassen" liege. Diese ermögliche es der begabteren und stärkeren „Rasse", die schwächere(n) zu unterwerfen.[316]

Damit war die gedankliche Struktur, die Gobineaus Rassentheorie zugrunde lag, von Victor Courtet nahezu vollständig antizipiert worden. Jedoch gab es hierbei einen wesentlichen Unterschied. Der bürgerliche Courtet bewertete das positiv, was für den Adeligen Gobineau negativ, ja sogar verderblich war. Für Courtet war die Rassenmischung der Motor des sozialen Fortschritts, für Gobineau hingegen die Triebfeder der Dekadenz. Für Courtet stand fest, daß, wenn sich im Laufe der Entwicklung die „Rassen" vermischen, die soziale Hierarchie immer weniger der der rassischen Hierarchie entsprechen würde. Dies läge daran, daß durch die Rassenvermischung nun auch in den niederen sozialen Schichten „begabtere und intelligentere" Menschen auftreten müßten. Dies müsse dann zwangsläufig zur Forderung nach der Gleichheit der Stände und zu politischen Umwälzungen führen.[317]

---

[316] Vgl. SCHÜTZ. S. 44. „Ein origineller Einfall Courtets war der Gedanke, daß die Menschheitsgeschichte nicht nur »physikalisch«, durch die Kämpfe zwischen den Rassen, bestimmt worden sei, sondern auch auf intimere Art durch die fluktuierenden Blutmischungen oder -dosierungen, folglich also auch »chemisch«. Courtet scheint der erste gewesen zu sein, der diese Idee »wissenschaftlich« formulierte; sie sollte über Gobineau zu einem Dogma des modernen Rassismus werden." POLIAKOV, Der arische Mythos, S. 259.

[317] Vgl. SCHÜTZ, S. 44. Damit stand Courtet ideologisch in der Tradition des Abbé Sieyès mit seinem berühmten Pamphlet „Qu'est-ce que le Tiers État" (vgl. hierzu auch POLIAKOV, Der arische Mythos, S. 44 f sowie GEISS, S. 156). Gobineau dagegen war ein später Nachfolger seines Standesgenossen Boulainvilliers (vgl. weiter oben), der sah, daß die Zeiten der Adelsherrschaft dahin waren. Vgl. SCHÜTZ, S. 44. So schreibt auch Young bezüglich der engen Verknüpfung des Rassenproblems mit dem Germanenproblem in Frankreich: „So verstanden, setzt Gobineau diese Linie als Vertreter der germanischen Herkunft des Adels fort. Ohne die Theorien von Boulainvilliers, Montlosier usw. ist sein Werk, bzw. die Ursache der Entstehung seines Werkes, nicht zu verstehen. Es wird aber auch aus der Polemik seit Boulainvilliers klar, wie sehr in Frankreich als dem ‚Geburtsland des Rassengedankens' gerade die Germanenfrage mit dem Rassenproblem verknüpft ist." YOUNG, S. 20. Die Reihe der Adeligen, die an den besonderen Wert ihres Blutes und ihrer Rasse glaubten und diesen Glauben historisch zu belegen suchten, war mit Gobineau noch nicht zu Ende: Georg Vacher de Lapouge, der in Frankreich weit mehr Anklang fand als Gobineau, gelang es ihm doch, Darwinismus und Rassismus zu integrieren (vgl. zu Georg Vacher de Lapouge SCHÜTZ, S. 147 ff, 227 ff, MOSSE, G. L.: Die Geschichte des Rassismus in Europa. Aus dem Amerikanischen von Elfriede Burau und Hans Günter Holl, Frankfurt 1993, S. 82 ff sowie die verschiedenen Ausführungen über ihn in MÜHLEN VON ZUR, siehe die Seitenangaben im dortigen Personenregister), gehörte dazu, ebenso wie der Schweizer Botaniker Alphonse de Candolle (1806-1893) (vgl. zu Candolle auch MOSSE, Geschichte des Rassismus, S. 82 f), der mit Hilfe der Statistik die geistige Überlegenheit des Adels über das Bürgertum feststellte. Vgl. SCHÜTZ, S. 44, Anm. 81.

Konzipierte Victor Courtet noch eine nationalgeschichtliche Rassentheorie, da er in seiner Theorie vom Fallbeispiel Frankreichs aus abstrahierte und auch für ihn „Rasse und Klasse", zumindest „am Anfang", d. h. vor der Vermischung der „Rassen", übereinstimmten, so entwickelte Gobineau wohl die bekannteste universalhistorische Rassentheorie. Dabei waren seine Gedanken weder besonders originell noch neu gewesen. Er stand damit nicht am Anfang einer Traditionslinie, sondern verdichtete lediglich bereits kursierende Gedanken aus den Werken anderer Autoren zu einer „eigenwilligen Synthese"[318]. Dabei kann besonders Gustav Klemm (1802-1867) als einer seiner unmittelbaren Vorläufer gelten.[319]

Klemm betrachtete wie Gobineau die „Rasse" universalhistorisch und beschränkte sie nicht bloß auf die europäischen Völker und den abendländischen Kulturkreis.[320] Mit seiner „ Allgemeinen Kulturgeschichte der Menschheit" (1843-1852), die damals für alle gebildeten Deutschen maßgeblich war, postulierte er, daß

> „die ganze große Menschheit ein Wesen sei wie der Mensch selbst, geschieden in zwei zusammengehörige Hälften, eine active und eine passive, eine männliche und eine weibliche"[321].

Seiner Meinung nach waren diese Teile gleichwertig und strebten theologisch nach Verschmelzung.[322] Gustav Klemm unterschied prinzipiell zwischen aktiven (männlichen) und passiven (weiblichen) „Rassen", wobei er, im Gegensatz zu Gobineau, in der Rassenmischung ein Glück für die Menschheit sah:[323]

> „Ich aber sehe in dieser Verschmelzung der ursprünglich getrennten aktiven und passiven Rasse die Erfüllung des Zweckes, den die Natur in allen Zweigen ihrer organischen Schöpfung verfolgt. Wie das einzelne männliche oder weibliche Individuum, wenn es allein steht, dem Zwecke der Natur nicht nachkommt, eben so ist ein Volk, das nur aus Mitgliedern der aktiven oder passiven Rasse besteht, etwas Unvollkommenes, etwas Halbes [...] Erst durch die Vermischung beider Rassen, der activen und der passiven, ich möchte sagen durch die Völke-

---

[318] EBENDA, S. 45.
[319] Vgl. EBENDA, S. 45 *sowie* RÖMER, S. 31.
[320] Vgl. MÜHLEN VON ZUR, S. 50.
[321] KLEMM, G.: Allgemeine Cultur-Geschichte der Menschheit, Erster Band, Leipzig 1843, S. 196. Auf den folgenden Seiten beschreibt er dann die beiden Hälften, die aktive und die passive. Vgl. EBENDA, S. 196 ff.
[322] Vgl. POLIAKOV, Der arische Mythos, S. 285.
[323] Vgl. SCHÜTZ, S. 45.

rehe, wird die Menschheit vollständig, erst dadurch tritt sie ins Leben und treibt die Blüten der Cultur [...].“[324]

Aktiv waren dabei für Gustav Klemm nur die weißen „Rassen“,[325] die ursprünglich aus Mittelasien stammten und sich von dort nach allen Himmelsrichtungen ausbreiteten,[326] und unter ihnen besonders die Germanen, im Gegensatz zu den passiven „Rassen“, welche für ihn durch die farbigen Völker sowie durch die Slawen verkörpert wurden.[327] Die passiven „Rassen“ versah er dabei mit Attributen wie „sanft“[328], „geduldig“[329], „nachgebend aus Schwäche“[330] und „ausharrend aus Faulheit“[331]. Diese aus dem Tiefland stammende Menschheit sei zu ihrer Zeit durch die „kühn heranstürmenden Helden der aktiven Rasse aufgescheucht“[332] und unterjocht worden.[333] Auffallend ist, daß Klemm schon vor Gobineau die Entstehung aller Kulturen aus der Rassenmischung heraus erklärte. Diese Rassenmischung, die Klemm für fruchtbar hielt, war für ihn in Europa am vollkommensten vor sich gegangen, so daß nur dort wahre Kultur und Wissenschaft herrschen würden.[334]

> „Daher finden wir dann auch im germanischen Europa, wo die active und die passive Rasse vielleicht am gleichmäßigsten gemischt ist, die wahre Cultur, die wahre Kunst, die eigentliche Wissenschaft, das meiste Leben, Gesetz und Freiheit.“[335]

In konzentrierter Form hatte Klemm damit zahlreiche geschichtsphilosophische Gedankengänge Gobineaus vorweggenommen. Sein Werk blieb indessen weitgehend unbekannt. Gobineau vertrat jedoch stärker und konsequenter als Klemm die These von der

---

[324] KLEMM, S. 204.
[325] Zu ihnen zählte er die Perser, Araber, Griechen, Römer und Germanen. Vgl. YOUNG, S. 110.
[326] Vgl. MÜHLEN VON ZUR, S. 51.
[327] Vgl. POLIAKOV, Der arische Mythos, S. 285 f *sowie* SCHÜTZ, S. 45. In diesem System brauchte man später nur „aktive Rassen“ durch „Arier“ zu ersetzen, um eine der wesentlichen Grundlagen der Gobineauschen Rassentheorie vorgezeichnet zu finden. Und obwohl es weitere Übereinstimmung zwischen dem Werk Gobineaus und dem von Klemm gibt, bestritt Gobineau, das Werk von Klemm gelesen zu haben. Vgl. YOUNG, S. 110. Gobineau sagte diesbezüglich: „M. Klemm imagine une distinction de l'humanité en races actives et races passives. Je n'pas eu ce livre entre les mains, et je ne puis savoir si l'idée de son auteur est en rapport avec la mienne. Il serait naturel qu'en battant les mêmes sentiers, nous fussions tombés sur la même vérité.“ GOBINEAU, zit. nach Young, S. 111.
[328] KLEMM, G. (1843), zit. nach Poliakov, Der arische Mythos, S. 285.
[329] EBENDA.
[330] EBENDA.
[331] EBENDA.
[332] EBENDA.
[333] Vgl. POLIAKOV, Der arische Mythos, S. 285.
[334] Vgl. RÖMER, S. 28.
[335] KLEMM, S. 204 f.

konstanten Beschaffenheit der „Rassen" über Jahrhunderte hinweg. Auch hob er anders als dieser besonders den durch die „Rasse" begründeten Determinismus sowohl im persönlichen als auch im ethnischen Bereich hervor, ebenso den Einfluß der Rassenentwicklung auf den kulturellen Überbau.[336]

Zum Schluß seien an dieser Stelle noch der englische Staatsmann Disraeli sowie Carus erwähnt. Young betont, daß Gobineau die Werke Disraelis[337] (Coningsby, Sybil, Tancred), die in der Zeit von 1844-1847 entstanden sind und in denen der Rassengedanke klar ausgesprochen wurde, gekannt haben mußte. Darüber hinaus sei zu bedenken, daß verschiedene Kritiker versichert haben, daß Gobineau erst seit 1851 an die Niederschrift des „Essais" herangegangen sei und außerdem ein persönliches Zusammentreffen, wenn auch quellenmäßig nicht belegbar, sehr wahrscheinlich sei. Aus diesen Gründen müßten die zum Teil fast wörtlichen Übereinstimmungen in den Schriften Gobineaus und Disraelis jedenfalls Anlaß zum Nachdenken geben, und es würde nicht stimmen, wenn man sage, daß vor Gobineau niemand „die Rasse als Grundtatsache aller Menschheitsgeschichte so klar erkannt"[338] habe.[339]

Carus entwickelte mit seiner Schrift „Über die ungleiche Befähigung der verschiedenen Menschheitsstämme für höhere geistige Entwicklung" eine Theorie, in der er ein rassentheoretisch bestimmtes Menschenbild entwarf.[340] Mit diesem Werk trieb er die rassische Hierarchisierung und die Degradierung von nicht-weißen „Rassen" weiter voran. Er betonte die Bedeutung der Abstammung, der zufolge nur eine kleine geborene Elite von Individuen ebenso wie von Völkern fähig sei, große Männer hervorzubringen. Gobineau übernahm von Carus, dessen Werk er kannte, die These der Dreiteilung des Menschengeschlechts in seinen „Essai", die davon ausging, daß nur die „Tagvölker" kulturtragend waren.[341]

---

[336] Vgl. MÜHLEN, VON ZUR, S. 51.

[337] Disraelis ganze Geschichtsphilosophie sei dabei, so Poliakov, in dem Satz enthalten: „All is race; there is no other truth." (DISRAELI, zit. nach Poliakov, Der arische Mythos, S. 262). Vgl. POLIAKOV, Der arische Mythos, S. 262 f.

[338] FRIEDRICH, F. (1906), zit. nach Young, S. 111.

[339] Vgl. YOUNG, S. 111.

[340] Die Bedeutung von Carus liegt hierbei insbesondere auch darin, daß Gobineau dessen Schrift „Über die ungleiche Befähigung ..." gelesen hatte und er an mehreren Stellen in seinem „Essai" auf sie hinweist.

Carus stellte auch das Verbindungsglied zweier wichtiger Elemente der späteren Rassentheorien dar, nämlich die Widerspiegelung der universalen Menschheitshierarchie in der einzelnen Gesellschaft, in der Eliten in größerem Maße als das gemeine Volk höherwertige „Rassen" verkörperten. Die vermeintlich natürliche Ungleichheit innerhalb der Spezies Mensch sollte die vermeintlich natürliche Ungleichheit innerhalb der Gesellschaft abstützen.

Der europazentrische Xenophobismus gegenüber farbigen Völkern deckte sich hier mit den Absichten der Frankenlegende französischer Aristokraten und trug zur Entstehung biologistischer Restaurationsideologien bei. Vor diesem Hintergrund weitete sich die Frankenlegende in der ersten Hälfte des 19. Jahrhunderts aus zu einer auch außerhalb Frankreichs und Deutschlands verbreiteten Germanenlegende und schließlich – in Anlehnung an die Ergebnisse der indogermanischen Sprachforschung – zum Arier-Mythos.

Der Schlüsselbegriff aller universalhistorischen Rassentheorien ist deshalb jener des Ariers.[342] Schon durch Friedrich Schlegel (1772-1829), der den ersten Schritt unternahm von der Sprachwissenschaft zur historischen Hypothese, indem er den Schluß von der linguistischen auf die rassische Abstammung, von den indoeuropäischen Sprachen auf die Existenz einer arischen Völkerfamilie zog, entwickelte sich ein mythisches Prestige um die Arier, denen der Ruf anhaftete, eine ganz einzigartige, mit außergewöhnlichen Begabungen ausgestattete „Rasse" zu sein, welcher sämtliche Kultur und Zivilisation zu verdanken sei.[343]

In seiner Schrift „Über die Sprache und Weisheit der Indier" (1808) nahm Schlegel ein Volk an, das von Asien aus die Zivilisation ans Mittelmeer und nach Europa gebracht habe. Hintergrund für diese Hypothese war unter anderem die von William Jones 1788 festgestellte Verwandtschaft des Sanskrit mit den Sprachen des Abendlandes.[344] Gestützt auf Jones und seine eigenen Studien des Sanskrit, behauptete Schlegel, daß alle

---

[341] Vgl. hierzu und im folgenden YOUNG, S. 47 f , POLIAKOV, Der arische Mythos, S. 282 f *sowie* GEISS, S. 161.

[342] Vgl. zu den Ariern auch Kapitel 4.2 dieser Arbeit. Vgl. des weiteren auch ausführlich die Darstellungen Poliakovs über die Suche nach einem neuen Adam (Der Zauber Indiens; Die Geburtsurkunde des arischen Mythos; Indomanie, Germanenwahn und Antisemitismus; Der arische Mythos in Europa). POLIAKOV, Der arische Mythos, S. 209-243.

[343] Vgl. SCHÜTZ, S. 45 f.

[344] Vgl. EBENDA, S. 45.

Kultur aus Indien komme.[345] Dazu verquickte er die Sprache und Abstammung der Inder miteinander und provozierte die fatale In-Eins-Setzung von Sprache und „Rasse".[346]

Schlegel leitete also aus der Verwandtschaft der Sprachen eine solche der „Rassen" ab. Damit war der Weg für eine erstaunliche Entwicklung gebahnt, in deren Verlauf die neue und fruchtbare Wissenschaft der Linguistik sich sozusagen die in Entstehung begriffene physische Anthropologie einverleibte, ohne daß sich die Zeitgenossen bewußt gewesen wären, welche Gefahren dieser Prozeß barg.[347]

Die Verwandtschaft des Sanskrit mit späteren indoeuropäischen oder indogermanischen Sprachen verleitete zu dem umstrittenen Umkehrschluß auf eine gemeinsame ethnische (rassische) Abstammung von einem Urvolk. Damit fügte die zur Entwicklung der Rassenkonzepte und -theorien ungefähr parallel laufende Entdeckung der indoeuropäischen Sprachfamilie mit der Sprache den Rassenmerkmalen eine neue Dimension hinzu.[348] Die Geburt und Ausbreitung des Arier-Mythos, zuletzt der harte Kern des euroamerikanischen Rassismus, illustrierte dabei eindrucksvoll die enge Verzahnung von Real- und Geistesgeschichte.[349]

Mit der dogmatisierten Gleichsetzung von Sprache und „Rasse" geriet die Definition von „Rasse" vollends zur spekulativen Willkür. Rassentheorien wucherten zu einem Chaos sich überschneidender und widersprechender Systeme, da fast jeder Autor seine eigenen Kriterien und Definitionen von „Rasse" hatte. Allen gemeinsam wurde jedoch die allmähliche Gleichsetzung von höheren „Rassen" mit den Europäer-Weißen oder Untergruppen (Arier, Germanen) in Abgrenzung zu den Juden einerseits und den niederen „Rassen", den Gelben und Schwarzen, andererseits.[350]
Dieser „Arianismus"[351], entstanden aus dem Zusammentreffen feudalistischer Theorien und linguistischer Hypothesen, war auch eine der Wurzeln der Gobineauschen Rassen-

---

[345] Vgl. hierzu auch POLIAKOV, Über den Rassismus, S. 94 f.
[346] Vgl. GEISS, S. 163.
[347] Vgl. POLIAKOV, Über den Rassismus, S. 95.
[348] Vgl. GEISS, S. 162 f.
[349] Vgl. MÜHLMANN, S. 40 ff. Aber erst Max Müller übertrug in der Mitte des 19. Jahrhunderts das Sanskritwort Arier auf indogermanische Sprachgruppen. Die Völker dieser Sprachgemeinschaft nannte er „arische Rassen". Vgl. hierzu die Ausführungen in Kapitel 4.2 dieser Arbeit.
[350] Vgl. GEISS, S. 167.
[351] YOUNG, S. 21.

theorie.[352] Es ist anzunehmen, daß Gobineau, der sich schon sehr früh mit Sanskritfragen beschäftigt hatte, den Inhalt der erschienenen Schriften über die Arierfrage kannte.[353]

Die Sprachwissenschaft hatte die Hypothese aufgestellt, daß bei allen Völkern, die eine gleiche oder eine verwandte Sprache hatten, auch eine gleiche Blutzugehörigkeit zu vermuten sei. Die heutigen äußeren physischen Unterschiede der Inder sei durch die These zu erklären, daß die Arier, als sie nach Indien kamen, eine schwarze Bevölkerung vorgefunden und sie sich später mit dieser vermischt hätten.

Damit sah Gobineau eine Parallele gezogen. Denn somit galt nicht nur für die französische Geschichte eine ursprüngliche Eroberung durch eine fremde „Rasse", sondern die gleiche Erscheinung fand sich auch für andere Teile der Welt, und gerade für die arische Wiege der Menschheit.

Gobineau fand also einerseits den Gedanken von den hervorragenden Qualitäten der Arier bei der Sprachwissenschaft seiner Zeit vorgegeben, andererseits hatten ihn die Historiker des germanisch-aristokratischen Feudalismus dahingehend belehrt, daß die Germanen die Träger und das bestimmende Element der Geschichte seines Landes (und durch ihr Fortleben in den modernen Aristokratien der Länder des heutigen Europas überhaupt) waren. Er löste das Problem so, daß er als auserwählte „Rasse" sowohl die Arier als auch die Germanen bezeichnete, weil diese direkt aus den Ariern hervorgegangen seien.[354]

6. Zusammenfassung

In den bisherigen Kapiteln dieser Arbeit wurde die Entwicklung und der Stand in den Bereichen Rassismus, Anthropologie, Rassenkonzepte und Rassenklassifizierungen sowie bei den Rassentheorien dargestellt.

---

[352] Vgl. EBENDA.
[353] Vgl. hierzu und im folgenden EBENDA, S. 24 ff.
[354] „Die germanische Rasse war mit der vollen Willenskraft der arischen Art ausgestattet. Sie hatte sie nötig zur Erfüllung der Rolle, zu der sie berufen war. Nach ihr hatte die weiße Rasse nichts Lebensvolles und Machtvolles mehr zu geben." GOBINEAU, A. GRAF DE: Die Ungleichheit der Menschenrassen, übersetzt von R. Kempf, Kurt Wolff-Verlag Berlin, Berlin 1935, S. 751 f.

Zusammenfassend läßt sich sagen, daß der Rassengedanke eine Verschmelzung bestimmter politischer Ideen auf der Grundlage gesellschaftlicher Entwicklung mit zeitgenössischen Strömungen in Politik, Philosophie, Literatur und Wissenschaft war. Dabei können folgende Faktoren hervorgehoben werden, die zu seiner Entstehung wesentlich beigetragen haben:[355]

„die gegen die Aufklärung und gegen die von der französischen Revolution aufgestellte Forderung nach Gleichheit aller Bürger gerichtete Doktrin von der natürlichen Ungleichheit der Menschen zur Rechtfertigung sozialer Privilegien; der zunehmende Ethnozentrismus und aggressiver werdende Nationalismus in der Publizistik und Wissenschaft anstelle des Universalismus und Kosmopolitismus im Zeitalter der Aufklärung; das entchristianisierte, säkularisierte, wissenschaftliche Menschenbild und die Anfänge von Völkerkunde und naturwissenschaftlicher Anthropologie"[356].

Dabei lieferten die oben aufgeführten Vorläufer und Wegbereiter der Rassentheorien zu deren Entstehung folgende wesentlichen Aussageinhalte, auch wenn sie alle in ihren Theorien diese charakteristischen Aussagen des Rassengedankens entweder nicht vollständig vereinigten oder in einigen von ihnen wesentlich abwichen:[357]

„(1) Die Lehre von der Einheit von Leib und Seele; diese war für die Rassentheorien insofern von Bedeutung, als mit ihr die Grundlage der These von der Rassenbezogenheit aller Kultur und Gesellschaft, kurz: des gesamten Überbaus, gelegt wurde, gleichsam eine die Grenzen der biologischen Anthropologie weit überschreitende Konstruktion von (rassischer) Basis und Überbau. (2) Die Lehre von der naturgegebenen Ungleichheit der Menschen in kultureller und politischer Befähigung. Die Lehre von der Ungleichheit bestimmter Völker (gewöhnlich der Germanen oder aber generell der Weißen) gegenüber andersartigen (gewöhnlich nichtnordischen, meist farbigen) Völkern und die damit verbundene Wiederholung der gesellschaftlichen Ungleichheit der Menschen im globalen Maßstab der Menschheit. (3) Die Verbindung von (1) und (2): die Lehre von der rassisch „höherwertigen" Abstammung aller herrschenden Schichten, somit die naturwüchsige Verankerung sozialer Ungleichheiten. (4) Der Geschichtspessimismus, der in zunehmender Egalisierung der Gesellschaft und in der Entmachtung (rassisch verstandener) Eliten ausschließlich politische und kulturelle Dekadenz erkennen zu können meinte."[358]

---

[355] Vgl. hierzu ausführlich MÜHLEN VON ZUR, S. 32-51.
[356] EBENDA, S. 49.
[357] Vgl. EBENDA, S. 49 f.
[358] EBENDA, S. 49 f.

All diese zentralen Aussagen faßte schließlich Gobineau in einer breit angelegten Geschichtstheorie zusammen, so daß er als eigentlicher Begründer der Rassenlehren gelten kann.[359] Bevor nun auf das Werk Gobineaus genauer eingegangen wird, sollen jene Aspekte, Theorien und Konzepte zusammengefaßt werden, die Gobineau in seinem „Essai" verwandte, die aber nicht neu waren.

Wie gezeigt wurde, existierten bereits durch die „naturwissenschaftliche" Anthropologie des 18. und 19. Jahrhunderts mehrere Schemata der Rasseneinteilung der Menschheit,[360] wenn auch die Vorläufer hierzu schon bis ins 17. Jahrhundert zurückreichen. Unterstützt durch Methoden wie der Kraniologie oder der Phrenologie wurde darüber hinaus eine wertende Klassifizierung der „Rassen" vorgenommen. Somit entwickelte Gobineau kein neues Rassenkonzept, keine neue Hierarchisierung, sondern übernahm die schon bestehenden Konzepte und Ansätze in sein Werk, wie beispielsweise die Dreiteilung der Menschheit in drei verschiedene „Rassen".

Hinzu kamen Erklärungs- und Rechtfertigungsmuster für diese Hierarchisierung durch die Theorie der Polygenese der Menschheit sowie durch die biblische Genealogie. Auch wenn die Polygenese dem monogenetischen Prinzip der Bibel widersprach, so rechtfertigten beide Konzepte doch die Inferiorität der Schwarzen, so daß die Unterscheidung in eine minderwertige schwarze „Rasse" und eine höherwertige weiße „Rasse" quasi schon vorgegeben war. Und Gobineau verwandte beide Konzepte. Als Katholik Anhänger der Monogenese, argumentierte er in seinem „Essai" letztendlich doch mit polygenetischen Elementen.

---

[359] Vgl. EBENDA, S. 50.

[360] Anzumerken ist an dieser Stelle noch, daß Gobineau auch wohl die Werke der bedeutendsten Historiker seiner Zeit kannte. Young hat diese Werke untersucht und kommt zu dem Ergebnis, daß in den meisten von ihnen den anthropologischen Gegebenheiten immerhin eine gewisse Bedeutung zugeschrieben wurde. An dieser Stelle würde man dann auf eine weitere Wurzel für die Gobineausche Rassentheorie stoßen. Diese würde mit der allgemeinen Vernaturwissenschaftlichung des historischen Denkens im 19. Jahrhundert zusammenhängen. Vgl. YOUNG, S. 29 sowie ausführlich zur Untersuchung der „Rasse" in der Geschichtsschreibung Frankreichs bis Gobineau, in der die Rolle der „Rasse" bei den Historikern der ersten Hälfte des 19. Jahrhunderts und deren Vorstellung, die sich mit dem Begriff der „Rasse" verband, näher beleuchtet wird, EBENDA, S. 29-106. Vgl. darüber hinaus seine Untersuchung zur „Rasse" in der Geschichtsschreibung Frankreichs nach Gobineau EBENDA, S. 138-221.

Zudem gab es schon vor Gobineau Ansätze, nur die weißen Völker als zivilisiert, kultiviert und intelligent zu bewerten im Gegensatz zu den faulen und wilden „Schwarzen". Nur den „Weißen" wurde dabei die Möglichkeit und Fähigkeit zur höchsten kulturellen Entwicklung zugesprochen. Weiterhin nichts Neues war auch bei seiner Beschreibung der „Rassen" zu finden, bediente sich doch Gobineau lediglich tradierter Stereotype.

Auch wenn viele dieser Konzepte nur als neue Legitimationsbasis für den Kolonialismus sowie für die Sklaverei dienen sollten, so erreichten sie doch den gewünschten Effekt: nämlich die Rechtfertigung für die Machtausübung der „Weißen" über die anderen Völker dieser Erde. Und diese Auffassung der Rechtmäßigkeit ihres Handelns war auch schon vor Gobineau „in den Köpfen der Europäer verankert."

Weiterhin war auch der Arier-Kult de facto nicht neu. Wie oben ausgeführt, war das mythische Prestige um die Arier als eine besondere und mit außergewöhnlichen Begabungen ausgestattete „Rasse" schon vorhanden. Dieser Arier-Kult und die Parallele, die Gobineau daraus zu den Ursprüngen der französischen Geschichte zog, war dabei eine der Wurzeln der Gobineauschen Rassentheorie.

Genauso vorhanden waren schon seit langer Zeit rassistische bzw. proto-rassistische Dispositionen, antijüdische Verhaltensweisen und der Gegensatz zwischen dem „fränkischen Adel" und dem „gallischen Volk" als Folge eines innerfranzösischen „Rassengegensatzes", so daß auch realhistorische Elemente des Rassismus bzw. des Proto-Rassismus durch Gobineau nicht neu begründet oder hervorgerufen wurden.

Darüber hinaus war die gedankliche Struktur Gobineaus, in deren Mittelpunkt die „Rasse" als treibende Kraft stand, schon vorweggenommen worden. Wenn auch mit unterschiedlichen Schlußfolgerungen – zum einen die Rassenvermischung als Triebfeder der Dekadenz (Gobineau) und zum anderen als Wachstumsmotor des sozialen Fortschritts (Courtet) –, so war dieser Ansatz einer genealogischen Geschichtsauffassung nicht neu. Das Prinzip der „Rasse" als treibende Kraft der Geschichte war damit schon vorgelegt worden, genauso wie auch schon vor Gobineau durch Klemm die „Rasse" universalhistorisch betrachtet worden war.

Damit waren also die meisten Gedanken Gobineaus schon vorhanden. Wenn auch zum Teil mit anderen Schlußfolgerungen (wie z. B. bei der Rassenvermischung), so war doch wenig Neues in seinem „Essai" zu finden. Seine Leistung bestand jedoch darin, sozusagen mit starker Hand, all jene Konzepte, Ansätze und Gedanken zusammenzuführen und in einer umfassenden Rassentheorie zu verdichten.

> „Welcher Art jedoch auch die Filiationen sein mochten, Gobineau hat praktisch nichts anderes getan, als Ansichten, die damals bereits fest verwurzelt waren, auf sehr persönliche Art zu systematisieren; was er an Neuem beitrug, war die pessimistische Schlußfolgerung, das Totengeläut für die Zivilisation. Unter dem Deckmantel der Wissenschaft reagierte er Ressentiments oder Enttäuschungen aller Art ab [...]."[361]

Und obwohl all die oben aufgeführten Aspekte erkennen lassen, daß Gobineau keineswegs eine neue Idee oder Entdeckung verbreitet hatte, war Gobineau für sich persönlich davon überzeugt, daß sein System vollkommen neu sei. Er war der Meinung, daß er gegen die alten historischen Systeme ein neues, revolutionäres gesetzt habe.[362]

7. Die Rassentheorie Gobineaus

7.1. Allgemeines und Aufbau des „Essais"

Die verschiedenen Ideologien des Antisemitismus, Antislawismus und Antiziganismus hatten in Deutschland schon zu Beginn des 19. Jahrhunderts eine eindeutig rassistische Färbung erhalten.[363] Dennoch wurde die erste und umfassendste Theorie des Rassismus nicht von einem Deutschen, sondern von dem Franzosen Gobineau mit seinem „Essai sur l'inégalité des races humaines" entwickelt. Wie schon angeführt, bildete der „Essai" Gobineaus die Zusammenfassung einer langen Reihe von Vorarbeiten.

---

[361] POLIAKOV, Der arische Mythos, S. 264.
[362] Vgl. YOUNG, S. 111 f.
[363] Vgl. WIPPERMANN, S. 14. Zum gleichen Schluß kommt Hortzitz in bezug auf die Juden. „Im frühen 19. Jahrhundert bestehen aber [...] bereits Ansätze, den Judenhaß biologisch-anthropologisch zu motivieren [...]" (HORTZITZ, S. 1), so daß es sich dabei um die Vorläufer des rassen-ideologisch fundierten Judenhasses handelt. Vgl. EBENDA, S. 1 f. Wippermann führt weiter aus, daß die deutsche Definition des Begriffs „Volk" rassistisch geprägt war und man deshalb durchaus die These vertreten könne, daß es in Deutschland einen spezifischen, nämlich deutschen Rassismus gegeben habe. Vgl. WIPPERMANN, S. 14, 28.

„Seine Geschichtsschreibung auf rassentheoretischer Grundlage konnte daher schwerlich Anspruch auf Originalität erheben, da fast jeder einzelne seiner Gedanken als Fragment schon vor ihm formuliert worden war."[364]

Gobineau konzipierte aber als erster aus den bisher vorhandenen rassenideologischen Elementen eine in sich zusammenhängende (wenn auch widerspruchsvolle) Theorie, die von den Triebkräften des politischen und gesellschaftlichen Lebens und dem zukünftigen Verlauf der Geschichte handelte.[365] Seine Theorie war der erste Versuch einer kulturhistorischen Begründung wertender Rassenvorstellungen,[366] in der er Gesellschaftskritik, Geschichtsphilosophie und rassentheoretische Fragmente seiner Vorläufer zu einer umfassenden Vision der Menschheitsgeschichte, in deren Zentrum die von ihm proklamierte Ungleichheit der „Menschenrassen" stand, verband.[367]

In den vergleichenden Sprachwissenschaften waren schon zuvor die Begriffe der „arischen" und der „semitischen Rasse" eingeführt worden. Kiefer schreibt diesbezüglich über die Bedeutung dieses Tatbestandes:

„Entstehung und Inhalte des biologischen Antisemitismus, der am Ende des 19. Jahrhunderts die traditionelle, religiös motivierte Judenfeindschaft abzulösen begann, sind ohne Zugrundelegung wertender Rassenvorstellungen in den Sprachwissenschaften der vorangegangenen Jahrzehnte nicht zu verstehen. Nicht nur der ‚arische Mythos', sondern ebenso die Prägung eines negativen ‚semitischen Stereotyps', dessen Erbe die Juden antreten mußten, hat hier seinen Ursprung."[368]

Diese der „arischen" und „semitischen Rasse" zugrunde gelegten Begriffsinhalte fanden sehr schnell Eingang in verschiedene wissenschaftliche Disziplinen.[369]

---

[364] MÜHLEN VON ZUR, S. 52. Sein Werk bildete zudem die Grundlage, auf die eine Schule von späteren Rassentheoretikern aufbaute, so daß er bis in die Mitte des 20. Jahrhunderts Schlüsselfigur vieler Rassentheorien blieb. Vgl. EBENDA.

[365] Vgl. EBENDA.

[366] Vgl. KIEFER, S. 107.

[367] Vgl. MÜHLEN VON ZUR, S. 53.

[368] KIEFER, S. 104.

[369] Vgl. EBENDA, S. 107. Hierbei soll nochmals betont werden, daß der „Essai" Gobineaus von entscheidender Bedeutung für die weitere Entstehung der modernen Rassentheorien, also der Vorstellung einer ungleichen Wertigkeit der „Menschenrassen" und der Überlegenheit der „arischen Rasse", war.

Gobineau erschloß den Begriff der „Rasse" aus kulturhistorischen, religionsgeschichtlichen und sprachvergleichenden Untersuchungen. Der Begriff der „Rasse" nahm dabei eine zentrale Stellung ein. Die „Rasse" sei ein Faktor, die mit der Kraft eines Naturgesetzes den Geschichtsablauf bestimme. Sie sei die ausschlaggebende Kraft. Fortschritt und Stillstand, kultureller Aufschwung, Lebenskraft und Untergang der Völker seien einzig Korrelat der „Rasse". Der Grad ihrer Durchmischung bestimme ihr Kulturniveau, der Grad der Reinheit ihr Überleben.[370]

Das Originalwerk „Essai sur l'inégalité des races humaines" erschien 1853-55 in 4 Bänden. Insgesamt beinhaltet dieses Werk 6 Bücher mit mehreren Kapiteln. Die 1300 Seiten des „Essai"[371] sind zum größten Teil der Beschreibung der Kulturen gewidmet, die durch die weiße „Rasse" geschaffen wurden.[372]

Darüber hinaus weist der „Essai"[373] eine quasi zweigeteilte Struktur auf. Im ersten Teil des „Essais", dem theoretischen, untersuchte Gobineau die vermeintlich großen Gesetze der Geschichte. Hier führte Gobineau aus, daß alle uns bekannten Kulturen durch die gleiche Ursache bedingt dem Untergang anheim gefallen sein sollen. Der Kulturuntergang war dabei für Gobineau das interessanteste aller historischen Probleme. Im zweiten Teil des „Essais" versuchte Gobineau dann diese Theorie durch historische Beispiele zu stützen.[374]

Im ersten Buch geht es, wie Gobineau es selbst bezeichnete, um vorläufige Erwägungen, Definitionen und die Erforschung sowie Darlegung der Naturgesetze, welche die soziale Welt beherrschen würden.[375] Im zweiten Buch[376] beschäftigte er sich dann mit

---

Der „Essai" war der Versuch einer umfassenden Analyse und Interpretation der Menschheits- und Kulturgeschichte. Vgl. EBENDA.

[370] Vgl. hierzu KIEFER, S. 107 *sowie* MÜHLEN VON ZUR, S. 52 ff.

[371] Die Seitenzahlangabe bezieht sich auf die Originalausgabe.

[372] Vgl. GOBINEAU, S. 156 f.

[373] Im folgenden wird nur noch Bezug genommen auf die 1935 im Wolff-Verlag erschienene deutsche Übersetzung.

[374] Vgl. YOUNG, S. 112. So schrieb Gobineau als Überleitung zum zweiten Teil des „Essais": „Mit diesen Darlegungen komme ich zum historischen Teil meines Themas." GOBINEAU, S. 156.

[375] Die einzelnen Kapitel lauten dabei wie folgt: 1. Kapitel: Die zum Untergang der Zivilisation und der Gemeinschaften führenden Bedingungen ergeben sich aus einer allgemeinen und gemeinsamen Ursache. 2. Kapitel: Fanatismus, Luxus, schlechte Sitten, Religionslosigkeit führen nicht notwendigerweise den Untergang von Gemeinschaften herbei. 3. Kapitel: Der mehr oder weniger große Wert der Regierungen hat keinen Einfluß auf die Langlebigkeit der Völker. 4. Kapitel: Was man unter Degeneration versteht. Von der Mischung der ethnischen Bestandteile und der Bildung und Auflösung ethnischer Gemeinschaften. 5. Kapitel: Die Ungleichheit der Rasse ist nicht das Ergebnis der gesetzlichen

den alten Kulturen, die sich von Zentralasien nach Südwesten verbreitet hätten, bevor er im dritten Buch[377] auf die Zivilisationen einging, die sich von Zentralasien nach Süden und Südosten ausgebreitet hätten. In seinem vierten Buch[378] thematisierte er die semitisch beeinflußten Kulturen des Südwestens. Im fünften Buch[379] behandelte Gobineau die semitisierten Zivilisationen in Europa. Mit den Zivilisationen des Abendlandes, die Gobineau im sechsten Buch[380] beschrieb, schließt seine Abhandlung „Die Ungleichheit der Menschenrassen".

Sein Werk ist folglich so aufgebaut, daß Gobineau im ersten Buch die Grundlagen seiner Überlegungen sowie die wichtigsten Ansichten darlegte, bevor er im zweiten bis

---

Einrichtungen. <u>6. Kapitel</u>: Der Fortschritt oder Stillstand der Völker ist unabhängig vom Wohnort. <u>7. Kapitel</u>: Das Christentum erweckt nicht, noch verändert es die Anlage zur Zivilisation. <u>8. Kapitel</u>: Definition des Wortes Zivilisation; die soziale Entwicklung entspringt aus doppelter Quelle. <u>9. Kapitel</u>: Fortsetzung der Definition des Wortes „Zivilisation". Verschiedene Arten der menschlichen Gemeinschaften; unsere Zivilisation ist den früheren nicht überlegen. <u>10. Kapitel</u>: Einige Anatomen schreiben der Menschheit einen mehrfachen Ursprung zu. <u>11. Kapitel</u>: Die ethnischen Verschiedenheiten sind dauernd. <u>12. Kapitel</u>: Von den körperlichen Unterschieden der Rassen und von den Spielarten, die sich infolge ihrer Vermischung gebildet haben. Sie sind einander nicht gleich an Kraft und an Schönheit. <u>13. Kapitel</u>: Die geistigen Fähigkeiten der menschlichen Rassen sind ungleich. Die Menschheit ist nicht einer unendlichen Vervollkommnung fähig. <u>14. Kapitel</u>: Fortsetzung der Darlegungen über die intellektuelle Ungleichheit der Rassen. Die verschiedenen Zivilisationen stoßen sich gegenseitig ab. Die Mischrassen haben auch Mischzivilisationen. <u>15. Kapitel</u>: Die Sprachen sind einander ungleich, stehen aber in vollkommener Übereinstimmung mit dem relativen Wert der Rassen. <u>16. Kapitel</u>: Rückblick: Die besonderen Eigenarten der drei großen Rassen: soziologische Wirkungen der Mischungen. Überlegenheit der weißen Rasse und ihr wiederum der arischen Familie. Vgl. EBENDA, S. V.

[376] Die einzelnen Kapitel lauten dabei wie folgt: <u>1. Kapitel</u>: Die Hamiten. <u>2. Kapitel</u>: Die Semiten. <u>3. Kapitel</u>: Die Kanaaniter der Meeresküste. <u>4. Kapitel</u>: Die Assyrer, die Hebräer, die Chorräer. <u>5. Kapitel</u>: Die Ägypter, die Äthiopier. <u>6. Kapitel</u>: Die Ägypter waren keine Eroberer. Der Grund für den Stillstand ihrer Zivilisation. <u>7. Kapitel</u>: Die Beziehungen der assyrischen und der ägyptischen Völker in bezug auf ihre Rassenmischung. Die Künste und die lyrische Poesie sind das Erzeugnis der Rassenmischung zwischen weißen und schwarzen Völkern. Vgl. EBENDA.

[377] Die einzelnen Kapitel lauten dabei wie folgt: <u>1. Kapitel</u>: Die Arier; die Brahmanen und ihr soziales System. <u>2. Kapitel</u>: Entwicklung des Brahmanismus. <u>3. Kapitel</u>: Der Buddhismus, seine Niederlage; das gegenwärtige Indien. <u>4. Kapitel</u>: Die gelbe Rasse. <u>5. Kapitel</u>: Die Chinesen. <u>6. Kapitel</u>: Der Ursprung der weißen Rasse. Vgl. EBENDA, S. VI.

[378] Die einzelnen Kapitel lauten dabei wie folgt: <u>1. Kapitel</u>: Warum nur die weißen Völker Geschichte haben; und warum fast alle Kulturen sich im Abendlande entwickelten. <u>2. Kapitel</u>: Die Zoroastrier. <u>3. Kapitel</u>: Die Ureinwohner Griechenlands; die semitischen Ansiedler; die hellenischen Arier. <u>4. Kapitel</u>: Die semitisierten Griechen. Vgl. EBENDA, S. VI.

[379] Die einzelnen Kapitel lauten dabei wie folgt: <u>1. Kapitel</u>: Die Urbevölkerung Europas. <u>2. Kapitel</u>: Die Thraker, die Illyrer, die Etrusker, die Iberer. <u>3. Kapitel</u>: Die Kelten. <u>4. Kapitel</u>: Die Ureinwohner Italiens. <u>5. Kapitel</u>: Die tyrrhenischen Etrusker. Rom etruskisch. <u>6. Kapitel</u>: Rom italisch. <u>7. Kapitel</u>: Rom semitisch. Vgl. EBENDA.

[380] Die einzelnen Kapitel lauten dabei wie folgt: <u>1. Kapitel</u>: Die Slawen. Vorherrschaft einiger vorgermanischer arischer Völker. <u>2. Kapitel</u>: Die germanischen Arier. <u>3. Kapitel</u>: Geistige Veranlagung der ursprünglich germanischen Rassen. <u>4. Kapitel</u>: Das germanische Rom. Die römisch-keltischen und römisch-germanischen Heere. Die germanischen Kaiser. <u>5. Kapitel</u>: Letzte arisch-skandinavische Wanderung. <u>6. Kapitel</u>: Letzte Entwicklung der germanisch-römischen Gesellschaft. <u>7. Kapitel</u>: Die Eingeborenen Amerikas. <u>8. Kapitel</u>: Die europäische Kolonisation Amerikas. Zum Schluß des sechsten Buches folgen dann noch allgemeine Schlußfolgerungen. Vgl. EBENDA.

zum sechsten Buch detailliert auf die verschiedenen „Rassen" bzw. Zivilisationen einging.

7.2. Ausführungen Gobineaus zu den „Hauptrassen"

Gobineau unterschied drei verschiedene „Hauptrassen", die seiner Meinung nach aus einem Urgeschlecht hervorgegangen seien. Deren wertmäßige Ungleichheit sei dabei aber naturhaft vorgegeben.

> „Davon [Anm.: Von den Rassen zweiter Ordnung[381]] gibt es nur drei deutlich unterschiedene: die weiße, die schwarze und die gelbe."[382]

Für Gobineau waren die drei am Anfang der Geschichte vorhandenen „Rassen", die Weißen, die Gelben und die Schwarzen, ungleich an Schönheit, Begabung, Intelligenz und Befähigung zur Kultur. Und diese Ungleichheit dauere von Anfang an bis in alle Ewigkeit, sei sie doch genetisch festgelegt. Dabei sei die weiße „Rasse" die beste, ihre Blüte die Arier, und deren Blüte wiederum die Germanen. Die Germanen hätten ihre echtesten Nachkommen im normannischen Adel. Die weiße „Rasse" sei aktiv, schöpferisch und kulturbringend. Sie habe alle großen Zivilisationen der Geschichte geschaffen, und von denen gebe es nur zehn.[383] Der „Essai" sei dabei, wie es Gobineau ausdrücklich betonte, in der Absicht geschrieben, diese aprioristische Formulierung zu beweisen.[384]

---

[381] Vgl. zur Unterscheidung in „Rassen" zweiter Ordnung und den Menschen der ersten Schöpfung: EBENDA, S. 103 ff. Zusammenfassend schrieb Gobineau darüber: „Dies [Anm.: Die gelbe, die schwarze und die weiße „Rassen"] sind die drei Grundtypen des Menschengeschlechts, die ich als Sekundärtypen bezeichnete, da wir den Urmenschen außerhalb unserer Betrachtungen lassen müssen. Aus den ehelichen Verbindungen der Varietäten innerhalb jeder einzelnen dieser drei Typen entstanden die Tertiärentypen. Die Quartärnärtypen entstanden durch Heiraten einer Tertiärgruppe oder eines Stammes dieser Gruppe mit einer Gruppe aus einer der beiden anderen ihr fremden Typen. Innerhalb dieser Typen entstanden und entstehen noch jeden Tag neue Rassen." EBENDA, S. 153.

[382] EBENDA, S. 106. Hierbei verweist Gobineau mit einer Anmerkung auf die „Rothäute" Amerikas. „Ich werde gehörigen Ortes die Gründe darlegen, welche mich bestimmen, die wilden Rothäute Amerikas nicht unter die Zahl der reinen Urtypen zu rechnen." EBENDA, S. 106.

[383] Vgl. RÖMER, S. 30.

[384] Vgl. YOUNG, S. 112.

Für Gobineau, mit seiner rassengenealogischen Geschichtsauffassung,[385] war also nur die weiße „Rasse" zur Zivilisation fähig. Dabei unterteilte er die weiße „Rasse", von der Bibel inspiriert, in die Hamiten[386] (Chamiten), Semiten[387] und Japhetiten. Die Hamiten und die Semiten hätten dabei als erste die zentralasiatische Urheimat der Weißen verlassen, um sich mit der schwarzen „Rasse" zu vermischen.[388] Am längsten hätten sich die Japhetiten rein von Kreuzungen gehalten, der Zweig der weißen „Rasse", die Gobineau mit den Ariern identifizierte.[389]

Das bedeutet aber, daß für Gobineau die Hamiten nicht immer eine schwarze „Rasse" waren.[390] So schrieb Gobineau diesbezüglich auch:

> „Hier werde ich ausführlich darlegen, was ich schon oben erwähnte: Daß es unrichtig ist, diese Völkermassen [Anm.: Die Hamiten] als ursprünglich schwarz zu bezeichnen. [...] Die Natur der ursprünglich weißen Hamiten änderte sich von Tag zu Tag, bis sie schließlich verschwand. Aus der mulattischen Nachkommenschaft, die den alten Namen noch als Ehrentitel führen konnte, wurde allmählich ein ganz schwarzes Volk, eine Folge der übergroßen Fruchtbarkeit einiger ihrer Zweige. Von diesem Augenblick an trugen die Nachkommen Kanaans, die zur Knechtschaft unter den gottgefälligeren Kindern bestimmt waren, für immer die Züge, die sie kenntlich machen sollten. Sie sind der Gesamtheit der Nationen aufgeprägt, die aus der zu engen Verbindung der weißen Eroberer mit den unterlegenen Schwarzen erwuchsen. Zugleich mit der körperlichen Verschmelzung vollzog sich eine Änderung auf geistigem Gebiet, wodurch sich die neue Mischlingsbevölkerung für immer von dem alten edlen Stamm

---

[385] Vgl. SCHÜTZ, S. 51, Anm. 74. Hierbei merkt Schütz an, daß die Bezeichnung „rassenbiologische Geschichtsauffassung", wie sie Young (S. 107) für Gobineaus Werk wählt, nicht zutreffend sei. [Anm.: Die genaue Überschrift dieses Kapitels bei Young lautet: „Erste universale Geschichtstheorie auf rein anthropologischer-rassenbiologischer Grundlage im Werke Gobineaus", so daß Young Gobineau nicht eine alleinig „rassenbiologische Geschichtsauffassung" zuschreibt.] Vgl. ergänzend hierzu auch die Ausführungen Youngs zu Gobineau und der Geschichtsphilosophie des 17. und 18. Jahrhunderts. YOUNG, S. 5 ff. An dieser Stelle bezeichnet Young die Theorie Gobineaus als „anthropologische Geschichtstheorie" und schreibt ihm somit eine „anthropologische Geschichtsauffassung" zu. EBENDA, S. 13.

[386] Vgl. zu den Hamiten die Ausführungen Gobineaus, GOBINEAU, S. 161 ff.

[387] Vgl. zu den Semiten die Ausführungen Gobineaus, EBENDA, S. 170 ff.

[388] „Dies erste Herabsteigen von weißen Völkern geschah durch die Hamiten." EBENDA, S. 165. Dies sei, so Gobineau, ca. 5000 vor Christus geschehen. Vgl. EBENDA. Die Semiten wären dann ca. 3000 Jahre später gefolgt und wären in die Mitte der hamitischen Völkerschaften herab gestiegen und hätten diese zum Teil unterworfen. Das so aufs neue in die Mischrassen eingeströmte weiße Blut habe dieses erneuert, ohne daß sich aber die Kraft der Semiten hätte voll entfalten können. Vgl. EBENDA, S. 175.

[389] Vgl. YOUNG, S. 45. So lehnte Gobineau den Begriff „Japhetiten" (genauso wie Kaukasier oder Indogermanen) als ungenau und unpräzise ab (GOBINEAU, S. 256). Und weiter hinten in dem „Essai" schrieb Gobineau über die weißen Stämme, die sich in vorchristlicher Zeit begannen aufzuteilen, und führte in diesem Zusammenhang die „Hamiten, Semiten, Arier, Kelten und Slawen" (EBENDA, S. 310) an. Vgl. zu den Kelten EBENDA, S. 462 ff *sowie* zu den Slawen EBENDA, S. 581 ff.

trennte, dem sie zu einem kleinen Teil ihren Ursprung verdankte: die Annäherung der beiden Sprachen. [...] Der Hamite war also degeneriert."[391]

Gobineau ging davon aus, daß der größte Teil Europas zunächst von der gelben „Rasse" bewohnt war,[392] bevor die ersten weißen Eroberer dort siedelten, die Ureinwohner unterwarfen und die Zivilisation begründeten. Die letzte Welle arischer Einwanderer aus dem Osten stellten für ihn die Germanen dar, die aufgrund ihrer Rassenreinheit den bereits stark vermischten Bevölkerungen des Römischen Reiches überlegen waren.[393]

Zusammenfassend läßt sich sagen, daß für Gobineau als wirkliche „Rassen" nur die der Farbe nach unterschiedenen Teile des Menschengeschlechts galten, und alle Ableitungen 2. oder 3. Grades für ihn nur „Rassen" im Sinne des Sprachgebrauchs, d. h. in Wirklichkeit Mischungen waren.[394]

Die weiße „Rasse" leite dabei nach Gobineau ihren Ursprung von Adam her.[395] So schrieb Gobineau:

„Daß Adam der Urvater der weißen Rasse ist, müssen wir als gesichert betrachten. Die Heilige Schrift will so verstanden sein, da ja von ihm Geschlechter abstammen, die unzweifelhaft weiß waren. Dies wollen wir festhalten."[396]

Darüber hinaus ging Gobineau von einer Typenkonstanz beim Menschen aus:

„[...] schlußfolgere ich, daß die Dauerhaftigkeit des Typs bei den Rassen außer aller Zweifel steht, eine ganz unangreifbare, ganz unerschütterliche Wahrheit, daß auch die vollständigste Änderung der Umwelt sie nicht zu zerstören mag, solange keine Mischung einer Rasse mit einer anderen eintritt."[397]

Wenn es aber, wie Gobineau schrieb, eine Typenkonstanz gibt, so muß man eine mehrfache Wurzel des Menschengeschlechts annehmen. Und da diese Konstanz für Gobi-

---

[390] Vgl. EBENDA, S. 161 ff.
[391] EBENDA, S. 165, 167 f.
[392] Vgl. EBENDA, S. 161 f.
[393] Vgl. SCHÜTZ, S. 45 f.
[394] Vgl. YOUNG, S. 113.
[395] Vgl. zum Ursprung der weißen Rasse auch GOBINEAU, S. 340 ff.
[396] EBENDA, S. 87.
[397] EBENDA, S. 97.

neau tatsächlich bestand und stärker als alle anderen Einflüsse war, würde damit die Polygenese außer Frage stehen, und das hieße dann wiederum, daß einzig die weiße „Rasse" Anspruch auf die biblischen Ursprünge des Menschengeschlechts hätte. Dies behauptete Gobineau ja auch, so daß man, falls man den Gobineauschen Gedanken zu Ende denken würde, in Adam den ersten Arier erblicken müßte.[398]

Auf der anderen Seite mußte die Behauptung der Polygenese dem bibelgläubigen Gobineau als Widerspruch erscheinen. So erklärte Gobineau, daß, auch wenn die Menschheit auf ein einziges Paar zurückgehe, sie dennoch unter dem Gesetz der Verschiedenheit lebe. Allerdings gab Gobineau dann auf die Frage, wie unter der Annahme der Typenkonstanz die Verschiedenheit der (Ursprungs-) Typen zustande komme, wo er doch das Klima als modifizierenden Faktor ausschloß, keine Antwort. So blieben im Endeffekt auch seine Ausführungen über den Ursprung der Urgeschlechter eher vage.[399]

> „Aber nichts beweist uns, daß nach der Meinung der ersten Verfasser der adamistischen Geschlechtsregister jene menschlichen Geschöpfe, die nicht zur weißen Rasse gehören, deshalb nicht ebenfalls als ein Teil der menschlichen Gattung zu gelten hätten. Es wird kein Wort über die gelbe Rasse gesagt; und es ist nur eine Behauptung, deren willkürlichen Charakter zu enthüllen mir in den nachfolgenden Kapiteln gelingen wird, wenn man dem Patriarchen Cham die schwarze Farbe zuschreibt. Die Übersetzer und Ausleger haben durch ihre Behauptung, daß Adam der Urvater aller Menschen sei, die Gesamtheit aller Völker, die seitdem auf Erden leben, den Familien seiner Söhne zugeteilt. Nach ihnen sind die Europäer der Stamm der Japhetiten, während die Semiten Vorderasien innehaben; und die Hamiten, aus denen man, wie ich nochmals betone, ohne Grund eine ursprünglich schwarze Rasse macht, besitzen das Gebiet Afrikas. So verteilen sie einen Teil der Erdkugel; sehr schön. Aber was macht man mit der Bevölkerung des Restes der Erde? [...] Aller Wahrscheinlichkeit nach unterscheiden sich die menschlichen Rassen ebenso stark von ihrem gemeinsamen Urvater – wenn es einen solchen gibt –, wie sie sich in der Tat untereinander unterscheiden. [...] Einerlei welche Stellung man einnimmt bezüglich des einheitlichen oder mannigfaltigen Ursprungs der Menschheit, heute sind die verschiedenen Menschenfamilien völlig voneinander getrennt, und keine äußere Einwirkung veranlaßt sie, sich einander anzugleichen und sich zu verschmelzen. Die heutigen Rassen sind also die sich scharf voneinander unterscheidenden Zweige eines oder mehrerer nicht mehr vorhandener Urstämme, die man in historischen Zeiten niemals kannte."[400]

---

[398] Vgl. hierzu auch YOUNG, S. 114.
[399] Vgl. EBENDA. Vgl. auch GOBINEAU, S. 746 f.
[400] GOBINEAU, S. 87 f, 89, 97 f.

Ferner unterschied Gobineau (wie auch Klemm) zwischen männlichen und weiblichen „Rassen".[401] Dabei könne sich eine Kultur nur dort entwickeln, wo beide Strömungen innerhalb der gleichen „Rasse" in ausreichendem Maße vorhanden seien. Zur männlichen Kategorie zählte Gobineau die Chinesen, Römer und Germanen, zur weiblichen die Hindus, Ägypter und Assyrer. Die weiblichen „Rassen" seien den männlichen zahlenmäßig überlegen, wobei ein Überhandnehmen des einen oder anderen Prinzips zu einer Änderung der Kulturform führe. Das männliche Prinzip bestehe dabei in einer stärkeren Betonung des Materiellen, das weibliche dagegen in einer stärkeren Betonung des Geistigen.[402]

7.3. Ausführungen Gobineaus zur Rassenvermischung

Gobineau vertrat die These, daß der Verlauf der gesamten bisherigen Geschichte rassisch bedingt sei und alle Hochkulturen das Werk der Arier waren. Alle anderen „Rassen" seien minderwertig. Wenn sich jedoch die „arische Herrenrasse" mit einer dieser minderwertigen vermische, komme es unweigerlich zum Zerfall und Untergang.[403] Dies sei bereits bei den Hochkulturen der Ägypter, Griechen und Römer der Fall gewesen. Dieses Schicksal stünde nun der gesamten westlichen Kultur bevor. Schuld daran sei die überall zu beobachtende Rassenvermischung. Sie führe zu einem allgemeinen Verfall. Die Degeneration sei dabei unaufhaltsam.[404] Der Rassenvermischung komme dabei für den Untergang der Gemeinschaft die wichtigste Rolle zu:

> „Wer meinen Ausführungen bisher folgte [Anm.: Gobineau bezieht sich dabei auf die ersten 3 Kapitel im ersten Buch seines „Essais"], wird daraus ersehen, daß ich in Übereinstimmung mit der allgemeinen Auffassung die Krankheiten des Volkskörpers für wichtig halte, daß schlechte Verwaltung, Fanatismus und Irreligiosität mir nicht belanglos erscheinen. Es ist sehr traurig für ein Volk, wenn es unter diesen Geiseln stöhnen muß. Ich halte darum die sorgsamsten Bemühungen und stärksten Anstrengungen zu ihrer Beseitigung keineswegs für verloren. A-

---

[401] Vgl. hierzu GOBINEAU, S. 63 ff.
[402] Vgl. YOUNG, S. 114.
[403] Vgl. WIPPERMANN, S. 14.
[404] Vgl. EBENDA, S. 14 f. Das Problem der Degeneration wurde von Gobineau ausführlich in seinem ersten Buch im 4. Kapitel „Was man unter Degeneration versteht. Von der Mischung der ethnischen Bestandteile und der Bildung und Auflösung menschlicher Gemeinschaften" behandelt. Vgl. GOBINEAU, S. 18 ff. Unter Gemeinschaft verstand Gobineau dabei „[...] eine Vereinigung von Menschen auf der Grundlage der gleichen Instinkte und unter der Herrschaft der gleichen geistigen Ideen, [...] die vom politischen Gesichtspunkte mehr oder weniger, vom sozialen Gesichtspunkte aus aber vollständig sein muß". EBENDA, S. 7.

ber was ich unbedingt darlegen will, ist dieses: Wenn diese unglücklichen Elemente der Auflösung nicht in Verbindung mit einem anderen stark zerstörerischen Prinzip auftreten, wenn sie nicht Folgen eines schrecklich verborgenen Übels sind, kann man versichert sein, daß ihre Einwirkung nicht tödlich ist, daß die Gemeinschaft nach einer mehr oder weniger langen Leidenszeit verjüngt, vielleicht gestärkt aus dieser Bedrängnis hervorgehen kann. [...] Man fängt an, unabhängig von den Voraussetzungen für Wohlbefinden oder Übelbefinden, gleichsam die Leibesbeschaffenheit einer Gemeinschaft zu betrachten. Dadurch begriff man, daß keine äußere Einwirkung ihren Tod beeinflußt, wenn nicht ein in ihrem eigenen Schoß geborenes zerstörerisches Prinzip sich mächtig entwickelt: eine Ursache des Todes also, die in ihrem Inneren wurzelt, die aus ihrem innersten Wesen entspringt. Man erkannte, daß man, wenn man diese zerstörerische Tatsache bei einem Volke feststellen konnte, es dem Tode nicht entging [...]. Aber welches ist nun diese Grundursache? Antwort: die Degeneration; die Völker sterben, wenn sie aus degenerierten Bestandteilen zusammengesetzt sind. [...] In diesem unglückseligen Zustande sind sie endgültig unfähig, den anstürmenden Unglücksfällen standzuhalten. Da sie die sie treffenden Schicksalsschläge nicht mehr ertragen können oder wenn sie von ihnen niedergeworfen wurden, sich nicht wieder erheben können, gehen sie unter Zuckungen dem Untergange entgegen. Sie sterben, weil sie den Gefahren des Lebens nicht mehr mit derselben Kraft standhalten können wie ihre Vorfahren, d. h. also, sie sind degeneriert."[405]

Um aber überhaupt zu kulturfähigen „Rassen" zu gelangen, bedürfe es nach Gobineau eines ersten Schrittes der Stämme, um sich durch Kontakte (Kreuzungen) von einem Stamm zu einer Nation zu entwickeln. Dabei sei es nur besonders begabten Gruppen möglich gewesen, zu einer „verwickelteren Lebensform"[406] vorzuschreiten, vielen sei jedoch dieser erste Schritt verwehrt geblieben. So würde sich bei genauerer Betrachtung der Geschichte zeigen lassen, daß, so Gobineau, die Menschen an sich eine Abneigung gegen jede Art von Kreuzungen hätten, gar einen „natürlichen Widerwillen"[407]:

„Diese Beispiele [Vgl. zu den von Gobineau angeführten Beispielen GOBINEAU, S. 20 ff.] aus allen Ländern und Jahrhunderten, auch unserm eigenen Land und unserer Zeit berechtigen uns zu dem Schluß, daß die gesamte Menschheit einen geheimen Widerwillen gegen Kreuzungen empfindet, daß bei mehreren ihrer Zweige dieser Wille unbesiegbar, bei anderen nur in gewissen Grade gemildert ist. Selbst bei denen, welche sich vom Zwange dieser Vorstellung befreit haben, blieben Spuren dieser Einstellung zurück. Diese Völker allein sind die kulturfähigen Glieder unserer Gattung."[408]

---

[405] EBENDA, S. 18.
[406] EBENDA, S. 20.
[407] EBENDA, S. 21.
[408] EBENDA, S. 22.

Die Unfähigkeit eines bestimmten Teils der Menschheit, aus einem inneren Unvermö-
gen heraus diesen natürlichen Widerwillen gegen die Kreuzungen zu besiegen, würde
dann also bedeuten, so Gobineau, daß dieser Teil der Menschheit nie, auch nicht zu
einem geringsten Grade, Zivilisation[409] erlangen könne.[410]

> „[...] für eine große Zahl von Menschen[411] [war] der erste Schritt zur Zivilisation unmöglich
> [...] und [wird] für immer unmöglich bleiben [...]."[412]

Die Tatsache, daß alle bisherigen Kulturen untergegangen seien, bedeutete für Gobineau jedoch noch nicht zwangsläufig, daß sie sterben mußten. Gobineau glaubte, daß
eine Menschengruppe, sofern sie immer aus den gleichen ethnischen Bestandteilen zusammengesetzt bliebe, nie untergehen könne. Kein Ereignis, weder eine Eroberung
noch eine lange Unterdrückung[413], weder Regierungsformen[414] noch Sitten[415], beein-
trächtige oder unterbinde das Leben eines Volkes, solange sein Blut in genügendem
Maße das Siegel der „Anfangsrasse" tragen würde.[416] So führte Gobineau aus:

> „Ein Volk würde niemals sterben, wenn es aus den gleichen nationalen Elementen zusam-
> mengesetzt bliebe, mit denen es seine Geschichte begann."[417]

Die ganze Problematik, wie sie sich Gobineau darbot, wird klarer, wenn wir seine Antwort auf die Frage nach der Ursache des Kulturuntergangs betrachten. Seiner Meinung

---

[409] Unter Zivilisation verstand Gobineau dabei: „Ich bezeichne sie [die Zivilisation] als einen Zustand
von relativer Dauer, in dem die Volksmassen sich bemühen, friedlich die Befriedigung ihrer Bedürfnisse zu suchen und ihre Intelligenz und ihre Sitten zu verfeinern." EBENDA, S. 66. Jedoch seien
nicht alle Zivilisationen einander gleich. Vgl. EBENDA.

[410] Vgl. EBENDA, S. 21.

[411] Im Vorfeld benennt Gobineau, in bezug auf die Möglichkeit des Überschreitens der Organisation im
kleinen bis zum Emporbilden einer Nation, exemplarisch einige solcher menschlichen Gruppen. Vgl.
EBENDA, S. 20 f. „Die rohen Stämme, besonders die Farbigen auf den polynesischen Inseln, die Sa-
mojeden und andere Familien der arktischen Gebiete sowie der größte Teil der afrikanischen Neger
sind niemals über diesen Zustand der Ohnmacht hinausgelangt." EBENDA, S. 20.

[412] EBENDA, S. 21. An anderer Stelle in seinem „Essai" schrieb Gobineau dann nochmals, „daß die
meisten Menschenrassen nicht befähigt sind, sich jemals zu zivilisieren, ausgenommen durch Vermischung [...] [und] daß sie nicht nur des inneren Antriebes zur Zivilisierung entbehren, sondern daß
auch die stärksten äußeren Anregungen ihre organische Unbeweglichkeit nicht beheben können. [...]
Die Gradunterschiede der Zivilisationsfähigkeit sind es, nach denen wir die menschlichen Rassen unterscheiden." EBENDA, S. 46 f.

[413] Vgl. EBENDA S. 4.

[414] Vgl. EBENDA, S. 15 ff.

[415] Vgl. EBENDA, S. 7 ff.

[416] Vgl. YOUNG, S. 117.

[417] GOBINEAU, S. 25.

nach lasse sich eine Übereinstimmung der sozialen Krankheiten aller Kulturen nachweisen, die in dem Zerfall der ethnisch wertvollen Substanz, die in jedem Volke vorhanden
sei, bestehe. Damit würde die Ethnologie den Schlüssel zur Erklärung aller historischen
Vorgänge bieten, deren Verkettung sich aus der wertmäßigen Ungleichheit der einzelnen „Rassen" ergebe.[418]

Der Gedanke, daß jede Kultur den Keim des Zerfalls und des unwiderruflichen Untergangs in sich tragen würde, war nicht neu. Vor Gobineau wurden dafür jedoch hauptsächlich Sittenverfall, Luxus, Fanatismus usw. zur Erklärung dieses Phänomens herangezogen. Gobineau seinerseits behauptete jedoch, daß allein die blutmäßige Degeneration der Kulturträger, also der Arier, den Kulturzerfall im Gefolge habe.[419]

7.4. Ausführungen Gobineaus zur Degeneration

Im folgenden führte Gobineau dann auch aus, was er unter degeneriert verstand, was die
Ursachen der Degeneration seien und welche Tatsachen dieser Erscheinung zugrunde
liegen würden:

> „Wenn man das Wort „degeneriert" auf ein Volk anwendet, will man damit besagen, daß der
> innere Wert des Volkes nicht mehr seinem früheren gleicht, weil das Blut, das in seinen Adern
> kreist, durch die fortwährende Vermischung mit anderem Blut nicht mehr vom gleichen Werte
> geblieben ist. Anders ausgedrückt: Unter dem gleichen Volksnamen hat sich nicht die gleiche
> Rasse, nämlich die seiner Gründer, erhalten; vom ethnischen Gesichtspunkt aus betrachtet ist
> der Mensch der Dekadenz, der degenerierte Mensch, ein vom Heroen der großen Zeit ver-
> schiedenes Wesen geworden. Zwar besitzt er noch einiges vom Wesen dieses Ahnen. Aber je
> mehr er degeneriert, desto mehr zieht sich dieses „Etwas" zurück. Die heterogenen Elemente,
> welche sein Wesen von nun an zusammensetzen, bilden eine ganz neue, eine nicht glückver-
> heißende Nationalität. Diese ist der Eigenart jener, welche er seine Väter nennt, nur noch we-
> nig verwandt. Er wird zusammen mit seiner Zivilisation an dem Tage untergehen, an dem die
> ursprünglich ethnischen Momente der Rasse so zerteilt sind und vom Blute fremder Rassen so
> überschwemmt sind, daß die ihnen eigentümliche Kraft nicht mehr wirken kann. Sie ver-
> schwindet natürlich nicht restlos; aber gegenüber den Anforderungen des Lebenskampfes ist

---

[418] Vgl. YOUNG, S. 112.
[419] Vgl. EBENDA, S. 112 f *sowie* GOBINEAU, S. 7-17, 27-55.

sie völlig geschwächt. In diesem Augenblick kann die Degeneration als vollständig betrachtet werden, und alle ihre Wirkungen erscheinen."[420]

Als degeneriert bezeichnete Gobineau ein Volk also ab dem Augenblick, in dem es aus zu ungleichen ethnischen Bestandteilen zusammengesetzt sei. Anders ausgedrückt war für Gobineau ein Volk ab dem Zeitpunkt degeneriert, wenn die hauptsächlich an seinem Aufbau beteiligte „Rasse" ihre Blutreinheit verloren habe. Die unausbleibliche Folge der Degeneration sei der Kulturzerfall, der genau dann eintrete, wenn das vorherrschende, ethnisch wertvollere Element blutmäßig von fremden „Rassen" so stark bedrängt würde, daß es nicht mehr lebensfähig sei.[421] Dies würde jedoch alles in Einklang mit Gottes Wille stehen. So schrieb Gobineau schon ganz zu Anfang des „Essais":

„Die Weisheit des Altertums bietet uns darum wenig Hilfe für den Gegenstand unserer Untersuchung, außer der unverrückbaren Einsicht, daß die Hand Gottes das Geschick der Welt lenkt, eine Einsicht, der man in der ganzen Tragweite zustimmen muß, die ihr die katholische Kirche beimißt. Es ist unbestreitbar, daß keine Zivilisation vergeht ohne Gottes Wille."[422]

Gobineau behauptete, daß durch eine Vermischung der „Rassen" die urtümliche Kraft der „Rasse" mangels Reinheit verlorengehe. Zudem postulierte er eine vorgegebene verschiedene Wertigkeit der „Rassen". Wenn aber eine „höherwertige Rasse" durch die Vermischung mit einer „minderwertigen Rasse" degeneriere, hätte dies dann umgekehrt nicht zur Folge, daß die „minderwertige Rasse" sich durch die Vermischung emporbilden könne? Oder würde aber aus jeder Vermischung eine Degeneration erfolgen und hätten manche „Rassen" vielleicht gar nicht das „Potential", also die innere Veranlagung, sich über eine gewisse Stufe hinaus zu entwickeln? Und was sei zu tun, um die Reinhaltung der „Rassen" zu gewährleisten? Zumindest auf einen Teil dieser Fragen lassen sich in Gobineaus Werk Antworten finden. So stellte er sich selbst die Frage:

„Gibt es unter den menschlichen Rassen tatsächlich ihnen angeborene ernsthafte Unterschiede des Wertes, und ist deren Abschätzung möglich?"[423]

und führte dazu weiter aus:

---

[420] GOBINEAU, S. 19.
[421] Vgl. YOUNG, S. 117 f.
[422] GOBINEAU, S. 4.
[423] EBENDA, S. 20.

„Wenn ich nun die erste Frage zu beantworten suche, wird sich ergeben, daß sich damit die zweite Frage von selbst löst."[424]

Gobineau widmete sich im folgenden dann der Beantwortung dieser ersten Frage, also der Frage nach der Gleichheit oder Ungleichheit der „Menschenrassen", nach deren angeborenen Unterschieden des Wertes.[425] Bevor jedoch auf diesen Punkt eingegangen wird, wird zuerst nochmals die Problematik der Vermischung von „Rassen" aufgegriffen, denn über die Vermischung der „Rassen" schrieb Gobineau, daß diese nicht nur Nachteile mit sich bringe, wenn auch in der Regel die Summe der Nachteile die Summe der Vorteile überwiege. Auch könnten aus der Vermischung von „höherwertigen Rassen" wieder „Rassen" hervorgebracht werden, die anderen „Rassen" weitaus überlegen seien.

7.5. Zu den positiven Aspekten der Rassenvermischung

Gobineau sprach der Rassenvermischung nicht jegliche positiven Aspekte ab. So führte er diesbezüglich aus:

> „Es wäre unrichtig, wollten wir behaupten, daß alle Mischung von Übel sei. Wenn die drei großen Grundtypen streng voneinander getrennt geblieben wären und sich niemals miteinander verbunden hätten, dann wäre ohne Zweifel das Übergewicht immer bei den schönsten Zweigen der weißen Rasse geblieben, und der schwarze und der gelbe Typ wären in alle Ewigkeit den geringsten Nationen dieser Rasse unterlegen geblieben. Dies wäre eine Art Idealzustand gewesen, den die Geschichte niemals zeigte. Wir können nur dann eine Vorstellung von ihm gewinnen, wenn wir die unbestreitbare Überlegenheit jener Gruppen unserer Rasse betrachten, welche am unvermischtesten geblieben sind. Aber nicht alles wäre bei dieser Lage zum Gewinn ausgeschlagen. Die relative Überlegenheit der einen wäre zwar in deutlicherer Weise in Erscheinung getreten; aber das Ganze hätte augenscheinlich jener Vorteile entbehrt, welche aus der Vermischung entspringen. Wenn sie auch nicht die Gesamtheit der Nachteile einer Vermischung aufwiegen, so sind sie doch sehr bedeutsam. So war die künstlerische Be-

---

[424] EBENDA.

[425] Vgl. hierzu vor allem die Kapitel zwölf bis fünfzehn im ersten Band von Gobineaus „Essai". Allein aus der Bezeichnung dieser Kapitel läßt sich dabei die Quintessenz dieser Ausführungen schon ersehen, nämlich die vorgegebene Ungleichheit der „Menschenrassen" in bezug auf ihre Schönheit, Kraft und geistige Befähigung.

gabung allen drei großen Rassentypen fremd und erwuchs erst aus der Vermischung der Weißen mit den Negern. Ebenso ist aus der Rasse der Gelben und der Schwarzen in den Malaien eine Völkerfamilie entstanden, die an Intelligenz ihre beiderseitigen Eltern übertrifft; und aus der Verbindung der Weißen und der Gelben entstanden Mischrassen, die den rein gebliebenen finnischen wie auch den schwarzen Stämmen weit überlegen sind. Dies sind unleugbar gute Ergebnisse. Die Welt der Künste und der schönen Literatur sind das Ergebnis der Blutmischungen ebenso wie die Veredelung der tiefstehenden Rassen. Die Geringeren wurden gehoben. Aber unglücklicherweise wurden gerade dadurch die Großen erniedrigt, und dies ist ein Übel, das durch nichts ausgeglichen und durch nichts gutgemacht werden kann. Ich will aber alles aufzählen, was zugunsten der Rassenmischung spricht. Darum führe ich an, daß man ihr die Verfeinerung der Sitten und des Glaubens, die Milderung der Leidenschaften und Triebe verdankt. Ich anerkenne, daß der Mulatte, aus dem man einen Advokaten, einen Arzt, einen Kaufmann machen kann, mehr wert ist, als sein schwarzer ganz unkultivierter Großvater, der zu nichts taugte; aber ich muß auch gestehen, daß der Brahmane Urindiens, die Helden der Ilias und des Schanameh, die skandinavischen Krieger, diese glorreichsten Erscheinungen der schönsten, jetzt verschwundenen Rassen, das Bild einer weit edleren und glanzvolleren Menschheit darboten und daß sie vor allem weit tatkräftigere, geistreichere und zuverlässigere Vertreter der menschlichen Größe und Kultur waren als die hundertfach gemischten Rassen der heutigen Zeit. Aber auch sie waren nicht mehr rein und unvermischt. Wie dies auch sein mag, auf jeden Fall leben die menschlichen Rassen seit den geschichtlichen Zeiten im Zustand der Vermischung. Dies hat einen großen Teil der ursprünglichen Merkmale jeden Typs in den Zustand einer großen Verwirrung gebracht. Wir erkannten, daß als Folge der vielfachen Völkermischung die Vorzüge wie die Fehler sich abschwächen; daß sie sich aber auch voneinander schieden, sich verkrümelten oder in einen tieferen inneren Gegensatz zueinander traten."[426]

Letztendlich bedeutete damit für Gobineau die Rassenvermischung aber auch, daß ohne diesen Kultivierungs- und Vermischungsprozeß die „Menschenrassen" auf unterschiedlichen Zivilisationsstufen kontaktlos nebeneinander bzw. in hierarchischer Unterordnung beziehungslos zueinander koexistiert hätten. Dies aber hätte die Rassenvermischung verhindert und somit die unterlegenen Völkerschaften befruchtet.[427]

Durch die Rassenvermischung hätten sich also niedere „Rassen" emporbilden können und damit Zivilisation erlangen, allerdings um den Preis, daß dabei die sie befruchtenden „Rassen" langsam ihre schöpferische Kraft verloren hätten und damit degenerierten.

---

[426] GOBINEAU, S. 153 f.

7.6. Ausführungen zu der Ungleichheit der „Menschenrassen"

Zur Schönheit und zur Kraft der verschiedenen „Rassen"

Gobineau besaß eine dezidierte Meinung über die Ungleichheit der „Menschenrassen"
in bezug auf deren Schönheit und Kraft. Dies soll an zwei diesbezüglichen Ausführungen Gobineaus verdeutlicht werden. So schrieb er zur Schönheit der verschiedenen
„Rassen":

> „Im Vorausgehenden haben wir die körperliche Verschiedenheit der Rassen festgestellt. Es
> bleibt nun noch zu entscheiden, ob ihr auch eine Ungleichheit in der Schönheit der Formen
> oder im Ausmaß der Muskelkraft beigestellt ist. Diese Frage kann nicht lange zweifelhaft blei-
> ben. Daß unter allen menschlichen Gruppen die europäischen Nationen und ihre Abkömmlin-
> ge die schönsten sind, habe ich schon oben festgestellt. Man braucht nur die verschiedenen
> über die Erde verstreuten Menschengruppen miteinander zu vergleichen, um zu sehen, daß
> vom armseligen Körperbau und Gesicht des Austral-Negers und Pescheräh bis zu dem hohen
> Wuchs und dem edlen Ebenmaß Karls des Großen, bis zur geistvollen Regelmäßigkeit der
> Züge Napoleons und der eindrucksvollen Majestät, die uns aus dem Antlitz Ludwigs des XIV
> entgegenstrahlt, eine lange Reihe von Wertstufen liegt, auf welcher sich die anderen Völker
> der Schönheit der weißen Rasse wohl annähern, sie aber nicht erreichen können. [...] In dem
> Maße, wie diese Rassen [Anm.: Gobineau bezieht sich auf die uns am nächsten verwandten,
> wie z. B. die „entarteten" arischen Familien in Indien und Persien oder die durch Kontakt mit
> den Schwarzen „am wenigsten entarteten" semitischen Völker[428]] sich immer weiter vom Typ
> des Weißen entfernen, erfahren ihre Züge und ihre Gliedmaßen Fehlbildungen der Formen
> und Proportionen, die sich bei den uns am fernsten stehenden immer mehr vergrößern und
> schließlich zu jener außerordentlichen Häßlichkeit führen, die das alte Erbteil und der u-
> naustilgbare Charakterzug der Mehrzahl der Menschheit ist."[429]

Und über die Ungleichheit der Kräfte bei den Schwarzen, Gelben und Weißen führte
Gobineau aus:

---

[427] Vgl. MÜHLEN VON ZUR, S. 55.
[428] Vgl. GOBINEAU, S. 110.
[429] EBENDA, S. 109 f.

„Es gibt also eine Ungleichheit der Schönheit unter den Rassen [...]. Gibt es auch eine Ungleichheit der Kräfte? Unbedingt. Die Wilden Amerikas wie die Hindu stehen in dieser Beziehung weit unter uns, ebenso die Australier. Auch die Neger haben weniger Muskelkraft.
Alle diese Völker können vor allem weit weniger Anstrengungen ertragen. [...] Nimmt man
[...] die Nation als Ganzes und beurteilt sie nach der Menge der Arbeit, die sie leisten kann,
ohne zu erliegen, so gebührt die Palme unseren weißen Rassen."[430]

Zur geistigen Fähigkeit und Sprache der verschiedenen „Menschenrassen"

Neben seiner Ansicht, daß sich die „Menschenrassen" in bezug auf ihre Schönheit und
Kraft unterscheiden würden, vertrat er auch die These, daß die verschiedenen „Menschenrassen" eine ungleiche Befähigung in sprachlicher und geistiger Hinsicht hätten.
Darüber hinaus würde die Rangordnung der Sprachen mit der Rangordnung der „Rassen" korrelieren:

„Ist aber dieses seelische Leben, das jedem Wesen unserer Gattung tief in sein Inneres einge-
pflanzt ist, einer unendlichen Erweiterung fähig? Haben alle Menschen in gleichem Maße die
unbegrenzte Fähigkeit, in ihrer intellektuellen Entwicklung fortzuschreiten? Anders ausgedrückt, sind die menschlichen Rassen mit der Fähigkeit begabt, sich einander anzugleichen?
Dies ist im Grunde die Frage nach der unbegrenzten Vervollkommnungsfähigkeit der
Menschheit und der Gleichheit der Rassen untereinander. Beide Fragen beantworte ich mit
nein."[431]

Des weiteren führte Gobineau aus:

„Ich stelle darum den allgemeinen Grundsatz auf: Die Rangordnung der Sprachen entspricht
streng der Rangordnung der Rassen. [...] Ganz ohne Zweifel entspricht der Stand der Sprache
der geistigen Entwicklung der Menschengruppe, welche sie spricht [...]."[432]

Die Sprachen würden damit nach Gobineau den Wertunterschied der hierarchisch ge-
gliederten „Rassen" deutlich ausdrücken. Dabei könne man sich aber nicht auf die heute

---

[430] EBENDA, S. 110 f.
[431] EBENDA, S. 112 f. Vgl. zur Begründung seiner Aussage EBENDA, S. 113 ff.
[432] EBENDA, S. 149 f. Vgl. hierzu auch Gobineaus Ausführungen zum Verhältnis der Sprachen zu dem
relativen Wert der „Rasse" EBENDA, S. 134 ff.

gesprochenen Sprachen berufen, da der physiologische Charakter einer „Rasse" sich länger als die Sprache bewahre. Ursprünglich jedenfalls glaubte er eine Identität zwischen den geistigen Fähigkeiten einer „Rasse" und der von ihr gesprochenen Sprache feststellen zu können.[433]

Gobineau weist also eine Vorstellung über die Ungleichheit der „Menschenrassen" und deren ungleichen Wertigkeit[434] mit der Überlegenheit der „arischen Rasse" auf.[435] Die weiße „Rasse" sah er also den anderen beiden „Rassen" in bezug auf die körperliche Schönheit und geistige Befähigung als überlegen an. Nur auf sie, die weiße „Rasse", seien alle Errungenschaften der Menschheit, Kultur- und Zivilisationsentwicklung zurückzuführen.[436] Dabei stelle sich jedoch die Problematik dar, daß keine dieser „Rassen" mehr in seinem Sinne rein seien. Die „Grundrassen" hätten sich im Laufe der Zeit vermischt und so den Keim für die fortschreitende Entartung und den langsamen Zerfall der Kultur gelegt. Somit war für Gobineau die Weltgeschichte die Geschichte eines unaufhaltsamen Niedergangs der Menschheit.[437]

7.7. Ausführungen Gobineaus zu den verschiedenen „Rassen"

Ausführungen Gobineaus zur schwarzen „Rasse"

Die Beschreibung, die Gobineau in seinem „Essai" über die schwarze „Rasse" vorlegte, war alles andere als schmeichelhaft und vom Glaube an die von Natur aus vorgegebene Inferiorität der Schwarzen deutlich geprägt:

> „Zunächst wies ich auf den bevorzugten Rang hin, der unserer Gattung innerhalb der organischen Welt gegeben wurde. Wir sehen, daß sie sich nicht nur durch ihre andersartigen physi-

---

[433] Vgl. YOUNG, S. 114 f.

[434] Für Gobineau ist das Kennzeichen der Wertungleichheit einzig das Vorhandensein oder Nichtvorhandensein der Befähigung, eine Kultur zu gründen. Vgl. YOUNG, S. 115.

[435] Dies ersieht man auch schon aus der Bezeichnung des sechzehnten Kapitels im ersten Buch, das zur Überschrift hat: „[...] Die besonderen Eigenarten der drei großen Rassen: soziologische Wirkung der Mischungen. Überlegenheit der weißen Rasse und in ihr wiederum der arischen Familie." Vgl. GOBINEAU, S. V, 151.

[436] Vgl. KIEFER, S. 107.

[437] Vgl. EBENDA.

schen Eigenschaften, sondern noch viel mehr durch auffallende seelische Eigenschaften von allen anderen Gattungen von Lebewesen unterscheidet. [...] Die schwarze Varietät ist die einfachste; sie steht an der untersten Sprosse der Leiter. [...] Sie kann in ihrem geistigen Leben niemals einen engen Kreis überschreiten. Und doch ist der Neger mit seiner engen und zurückweichenden Stirn und den Zeichen einer rohen, physischen Gewalttätigkeit in der Mitte seines Schädels nicht geradezu ein Tier. Wenn auch seine geistigen Kräfte nur mittelmäßig oder unbedeutend sind, so besitzt er doch im Wünschen und im Wollen oft eine furchtbare Heftigkeit. Einige seiner Sinne sind viel stärker entwickelt als bei den anderer Rassen, vor allem der Geschmack und der Geruch. Gerade aber diese Stärke seiner Sinne offenbart seinen niedrigen Rang. [...] Sein eigenes Leben ist ihm nicht mehr wert als das der anderen; er tötet oft, nur um zu töten, und diese so leicht erregbare menschliche Maschine ist angesichts des Leidens von der größten Feigheit, so daß sie sich gern in den Tod flüchtet, oder von einer ungeheuerlichen Überempfindlichkeit."[438]

Die Schwarzen waren für Gobineau schmutzig, launisch, faul, feige, unempfindlich, heftig, sinnlich, begehrlich, leichtsinnig, Aas fressend, würden gern töten und hätten keinerlei Intelligenz. Sie ständen den Tieren nahe und seien die Wurzel allen Übels in uns. Er stellte sie aber nie auf die gleiche Stufe wie die Tiere, sondern immer darüber, da sie, im Gegensatz zu den Tieren, fähig seien, Gottes Wort zu folgen.[439]

Wie wir aber gesehen haben, existierten für Gobineau auch positive Aspekte der Rassenvermischung. So soll künstlerisches Genie auf eine Wirkung der Mischung des weißen mit dem schwarzen Element zurückgehen.[440] Die schwarze „Rasse" verfüge über eine höhere Einbildungskraft, und eine Verschmelzung mit der weißen „Rasse" habe eine Entwicklung der geistigen Fähigkeiten der letzteren zur Folge.[441]

---

[438] GOBINEAU, S. 151.
[439] Vgl. RÖMER, S. 30. Darüber hinaus schrieb Gobineau bezüglich der Abgrenzung zwischen Mensch und Tier auch: „Ich betrachte die menschlichen Rassen als zweifellos ungleich. Aber keiner will ich zuschreiben, daß sie dem Tiere benachbart oder ähnlich sei. Der letzte Volksstamm, die größte Abart und elendste Unterart unseres Geschlechts ist der Nachahmung fähig." GOBINEAU, S. 54.
[440] „Es wird sich zeigen lassen, daß die epische Dichtkunst der Vorzug der arischen Völkerfamilie ist. Aber auch bei diesem Völkerzweig entfaltet sie ihr Feuer und ihren vollen Glanz nur in jenen Nationen, die von der Vermischung mit den Schwarzen nicht frei blieben." EBENDA, S. 241. Der Grund hierfür sei, so Gobineau, daß die Quelle der Künste den zivilisatorischen Instinkten fremd und sie deshalb im schwarzen Blut zu suchen sei. Vgl. EBENDA, S. 245. Vgl. hierzu auch Kapitel 7.5 dieser Arbeit.
[441] Vgl. YOUNG, S. 118.

Ausführungen Gobineaus zur gelben „Rasse"

Wie auch schon bei der schwarzen „Rasse" ging Gobineau bei der gelben „Rasse" davon aus, daß sie von Natur aus unter der weißen „Rasse" stehen würde, jedoch noch
über der schwarzen, welche am unteren Ende der Menschheitshierarchie angeordnet
war:

> „Die gelbe Rasse ist in allem das Gegenteil dieses Typs [Anm.: Damit meinte Gobineau die
> schwarze Rasse]. [...] Die Neigung zur Fettleibigkeit ist zwar kein allgemeiner und kein auf
> diese Rasse beschränkter Zug; dennoch findet sie sich häufiger bei den gelben Stämmen als
> bei allen anderen Arten. Die Körperkraft ist geringer, die Veranlagung zur Apathie ist gege-
> ben. [...] Die Begierden sind schwach; der Wille zeigt mehr Neigung zur Hartnäckigkeit als zu
> Übermaß und eine beständige, aber ruhige Freude am Materiellen. Trotz einer seltenen Gefrä-
> ßigkeit wählen sie die Mittel zu ihrer Befriedigung sorgfältiger aus als die Neger. In allem und
> jedem also die Tendenz zur Mittelmäßigkeit. Sie begreifen ziemlich leicht alles, was weder zu
> hoch noch zu tief verborgen ist, lieben das Nützliche, achten das Gesetzmäßige und begreifen
> die Vorteile eines gewissen Grades von Freiheit. Die Gelben sind praktische Leute im engen
> Sinn dieses Wortes. Sie verlieren sich nicht in Träumereien, in Theorien; sie erfinden wenig,
> sind aber imstande zu verstehen und zu lernen, was ihnen nützt. Ihr Sinn ist darauf gerichtet,
> so angenehm und so bequem wie nur möglich zu leben. Sie sind also offenbar den Negern ü-
> berlegen."[442]

Die gelbe „Rasse" sei also nach der Ansicht Gobineaus den materiellen Genüssen hin-
gegeben, gleichgültig, fettleibig, praktisch und von der Liebe zum Nützlichen erfüllt,
insgesamt betrachtet in allem aber nur mittelmäßig. Die Annahme der Mittelmäßigkeit
korrelierte dabei wahrscheinlich mit dem Rang der Gelben in der Menschheitshierarchie
Gobineaus, in der er die Gelben, wie bereits ausgeführt, in der Mitte, also über den
Schwarzen und unter den Weißen plazierte. Damit bediente sich aber Gobineau auch bei
der Beschreibung der gelben „Rasse" genau genommen nur tradierter Stereotypen.

Des weiteren schrieb Gobineau:

> „Ihre geistigen Eigenschaften sind nicht weniger eigenartig. Sie sind denen der Schwarzen so
> entgegengesetzt, daß, wenn ich diese als weiblich bezeichnet habe, ich die anderen in hervor-
> ragender Weise als männlich bezeichnen kann. Unbedingter Mangel an Phantasie, ein beson-

---

[442] GOBINEAU, S. 151 f.

derer Hang zur Befriedigung natürlicher Bedürfnisse, ausgeprägte Zähigkeit in der Verfolgung sehr irdischer Ziele und oft lächerliche Einfälle, ein gewisser Instinkt für persönliche Freiheit [...] wenig oder gar keine Tatkraft, keine geistige Neugier [...]."[443]

Ausführungen Gobineaus zur weißen „Rasse"

Wie schon des öfteren angeführt, ordnete Gobineau die weiße „Rasse" über den anderen „Rassen" an. Im folgenden sei nun beispielhaft eine der vielen positiven Ausführungen Gobineaus über die weiße „Rasse" angeführt:

„Nun kommen wir zu den weißen Völkern. Überlegte Tatkraft oder besser: tatkräftiger Verstand; Sinn für das Nützliche, aber in einer viel weiteren Bedeutung dieses Wortes, mutvoller, höher, kühner, idealer als bei den gelben Völkern [...]. Mit größeren physischen Kräften verbindet sie ein ungewöhnlicher Sinn von Ordnung [...] als unentbehrliches Mittel zur Selbsterhaltung. Dazu kommt ein ausgesprochener Freiheitssinn, eine ausgesprochene Feindseligkeit gegen rein formalistische Organisationen, mit welchen sich der Chinese einschläfern läßt, sowie auch gegen hochmütigen Despotismus, das einzige Bändigungsmittel für schwarze Völkerschaften. Ein weiteres besonderes Unterscheidungsmerkmal der weißen Rasse ist ihre eigentümliche Liebe zum Leben. Es scheint fast, als ob das Leben bei ihnen einen höheren Preis hätte, weil sie einen besseren Gebrauch davon zu machen wissen [...]. Wenn sie Grausamkeit üben, sind sie sich ihrer bewußt, was bei den Schwarzen zweifelhaft bleibt. So teuer ihnen ihr Leben ist, haben sie doch auch Gründe gefunden, es ohne Zögern hinzugeben. Der wichtigste Beweggrund dazu ist die Ehre [...]. Es ist kaum nötig, eigens davon zu sprechen, daß sowohl dieser Begriff der Ehre wie auch der Kulturbegriff, den er einschließt, den Gelben und den Schwarzen unbekannt geblieben sind."[444]

Ausführungen Gobineaus zu den Ariern

Über das Wirken und die Bedeutung der Arier schrieb Gobineau in seinem „Essai" folgendes:

„Es gibt [..] nur 10 große Zivilisationen, und alle sind aus der Initiative der weißen Rasse entsprungen. Von den [...] genannten Zivilisationen sind 6, wenigstens teilweise, der Rasse der

---

[443] EBENDA, S. 308 f.
[444] EBENDA, S. 152 f.

Arier zuzuschreiben [...]. Der größte Teil Europas wird heute von Gruppen bewohnt, die weißen Ursprungs sind, in welchen aber das nichtarische Element die Oberhand hat. Aber es gibt
keine wahrhafte Zivilisation in Europa, wo nicht Zweige der arischen Rasse einst die Herrschaft hatten."[445]

Diese Zivilisationen seien erstens die indische, zweitens die ägyptische, die von der
indischen abstamme, und die äthiopische, drittens die assyrische, jüdische, phönizische,
lydische, karthargische, viertens die griechische, fünftens die chinesische (Arier, aus
Indien kommend, hätten sie begründet), sechstens die italische, siebtens die germanische, achtens eine amerikanische, die er alleghianisch nannte, neuntens die mexikani-
sche und zehntens die peruanische. Rein arische Gründungen seien dabei die Kulturen
eins und zwei sowie vier bis sieben gewesen.[446]

Damit gab es für Gobineau also insgesamt nur zehn große Kulturen, die alle auf die
Initiative der „arischen Rasse" zurückgingen. Dabei stehe das Wesen einer Kultur in
Beziehung zu dem Wert der sie begründeten „Rasse". Die Kultur sei also abhängig vom
Blut, und nicht vom Klima oder Boden.[447] So führte Gobineau auch aus:

„Bei den 10 großen Zivilisationen erscheint keine schwarze Rasse im Range des Schöpfers.
Ihre Mischlinge bringen es nur zum Rang der Eingeweihten. Desgleichen finden wir keine aus
ihnen selbst erwachsene Zivilisation bei den gelben Rassen und, sobald das arische Blut sich
in ihnen erschöpft, tritt Stillstand ein. Die zwingende Entwicklung dieser These will ich in den
Annalen der Weltgeschichte verfolgen."[448]

Gobineau glaubte also, immer wieder auf seinem Streifzug durch die Weltgeschichte
den Beweis für diese Behauptung zu finden, daß alle kulturelle Blüte sich aus der Be-
fruchtung durch das arisch-germanische Element ergebe.[449]

Abgrenzend zu den Hamiten und Semiten schrieb Gobineau:

---

[445] EBENDA, S. 156 f. Vgl. zur Auflistung der „Rassen" EBENDA, bevor Gobineau in seinen Büchern
zwei bis sechs detaillierter auf die verschiedenen „Rassen" einging.
[446] EBENDA, S. 157.
[447] Vgl. YOUNG, S. 115.
[448] GOBINEAU, S. 157.
[449] Vgl. YOUNG, S. 115 f *sowie* den zweiten Teil des „Essais", der zur Stützung und Verifizierung seiner
Thesen dienen sollte.

„Die Söhne Hams und Sems hören für immer auf, zu den ersten Nationen zu gehören. Statt die Staaten zu leiten und zu führen, bilden sie nunmehr deren korrupten Untergrund. Ein arisches Volk erscheint auf dem Schauplatz. Da es sich besser beobachten und beurteilen läßt als der Zweig gleicher Rasse, der in die ägyptische Vermischung hineingezogen wurde, regt es uns dazu an, es mit jener Aufmerksamkeit zu betrachten, die diese berühmte menschliche Familie, die edelste des weißen Stammes, verdient. [...] Die Arier waren glücklicher als die Hamiten; sie bewahrten während einer langen Reihe von Jahrhunderten mit ihrer eigenen Sprache, dem geheiligten Nachklang des weißen Ur-Idioms, einen physischen Typ, der so eigenartig blieb, daß sie einer Verwechslung mit der schwarzen Bevölkerung nicht ausgesetzt waren."[450]

Und zum besonderen Status der Arier schrieb Gobineau:

„Diese Arier hatten sich bereits von den keltischen Nationen gelöst, die sich in nordwestlicher Richtung auf den Weg gemacht hatten, um das Kaspische Meer von oben her zu umgehen, während die Slawen, von dieser großen Völkermasse sich nur wenig unterscheidend, einen noch nördlicheren Weg nach Europa einschlugen. Die Arier hatten also, lange ehe sie nach Indien gelangten, nichts mehr mit diesen Nationen gemeinsam, die europäisch werden sollten. Sie bildeten eine ungeheure, von den übrigen Weißen ganz verschiedene Menge [...]."[451]

Zum Schluß sei noch eine Bemerkung Gobineaus bezüglich des Aussehens der Arier wiedergegeben. So schrieb Gobineau:

„Die Hautfarbe der Arier war weiß und rosig; so bei den ältesten Griechen und Persern; desgleichen bei den Hindu. In der Haar- und Bartfarbe herrschte das Blond vor, und wir kennen die Vorliebe, welche die Hellenen dafür hegten; nur so stellten sie sich ihre edelsten Gottheiten vor."[452]

7.8. Zur Rassenvermischung und zum Niedergang der Zivilisationen

Zum Schluß seien noch einige Bemerkungen zur Rassenvermischung und dem damit verbundenen Niedergang der Zivilisationen wiedergegeben, die über die bisher wieder-

---

[450] GOBINEAU, S. 253 f.
[451] EBENDA, S. 254. Vgl. detaillierter zu den Ariern EBENDA, S. 253-275.
[452] EBENDA, S. 257.

gegebenen Ausführungen Gobineaus zur Rassenvermischung und Degeneration hinaus-gehen:[453]

„[...] auf jeden Fall leben die menschlichen Rassen seit den geschichtlichen Zeiten im Zustand der Vermischung. [...] Die weiße Rasse war beschenkt worden mit dem Vorzug der Schönheit, der Geisteskraft und der Stärke. Als Folge ihrer Verbindung mit anderen Spielarten erschienen Mischlinge, die schön waren, ohne stark, die stark waren, ohne intelligent zu sein, die intelligent waren bei großer Häßlichkeit und Schwäche. Dazu kam, daß selbst große Mengen weißen Blutes, wenn es sich nur nach wiederholter Vermischung in eine andere Nation eindringt, dieser nicht mehr seine natürlichen Vorzüge mitteilen kann. Es vermehrt nur die schon bestehende Unordnung [...]. Wenn also Mischungen innerhalb bestimmter Grenzen für die Masse der Menschen günstig sind, da sie sie heben und veredeln, gereichen sie ihnen auch doch wieder zum Schaden, wenn ihre edelsten Elemente herabwürdigen, entkräftigen, erniedrigen. Man könnte einwenden, daß es ein größerer Vorteil ist, Myriaden niedrig stehender Wesen in mittelmäßige Menschen zu verwandeln, als königliche Rassen zu bewahren, deren Blut bei solcher Umwandlung verteilt, verfälscht und entehrt wird. Aber damit sind noch nicht alle Nachteile festgestellt. Denn die Neigung zur Vermischung erlischt nicht. Die mittelmäßigen Menschenarten, die auf Kosten der besseren gebildet werden, vereinigen sich mit neuen Mittelmäßigkeiten, so daß aus diesen immer mehr entwerteten Ehen eine Verwirrung entsteht, wie beim Turmbau zu Babel, die schließlich zu vollkommener Ohnmacht führt, aus der die Gemeinschaften sich nicht mehr befreien können. Dies ist die Lehre der Geschichte. Sie zeigt uns, daß alle Zivilisationen von der weißen Rasse stammen, daß keine ohne Mitwirkung dieser Rasse bestehen kann und daß die Größe und der Glanz jeder menschlichen Gemeinschaft nur so lange bestehen bleiben kann, als sich der edlere Bestandteil, der sie schuf, in ihr erhält; daß sie nur dann wirkliche Größe erringt, wenn diese ihre schöpferische Gruppe dem edelsten Teil der Menschheit angehört."[454]

Nach Gobineaus Auffassung würden also Nationen dann sterben, wenn sie aus degenerierten Bestandteilen zusammengesetzt seien. Von allen Zweigen der weißen „Herrenrasse" hätten aber die Arier der Vermischung mit den minderen Varietäten am längsten standgehalten. Ganz besonders gelte dies für die Völker Europas, die Indogermanen, einem Menschenschlag, der allen übrigen überlegen sei. Ihn zeichneten Mut, Individualität und Freiheitsdenken aus. Im germanischen Geist sah Gobineau die menschliche Kultur zu ihrer höchsten Blüte gelangt. Zeige sich das arische Blut im germanischen

---

[453] Vgl. zur Rassenvermischung auch Kapitel 7.3 und zur Degeneration 7.4 dieser Arbeit.
[454] GOBINEAU, S. 154 f.

Wesen erst einmal erschöpft, so sei der Stillstand der Kulturentwicklung erreicht. So würde dann nur noch der Untergang bleiben.[455]

Neben den Ariern zählte Gobineau auch die Semiten als Angehörige der weißen „Rasse" zu den kulturschaffenden Völkern. Sie besäßen jedoch schlechte Eigenschaften, wie Despotismus, Zerstörungswut und Machtstreben. Dies führte er auf die früh erfolgte Mischung mit Völkern schwarzer Rassenzugehörigkeit zurück. Dadurch hätten Verderbtheit und Sittenverfall ihre Verbreitung gefunden. Ganz Europa sei so semitisiert worden.

Nur die Israeliten, ein semitischer Stamm, sei lange Zeit von Rassenvermischungen freigeblieben. Aufgrund ihrer Rasseneifersucht hätten sich trotz der späteren Verbindungen mit anderen „Rassen" ihr einheitlicher physischer Typus bis in die Gegenwart erhalten. Trotz ihrer weltweiten Zerstreuung sei ihr Rassencharakter überall gleichgeblieben. Die Physiognomie und den schmächtigen Körperbau hätten sie dabei bewahrt.

8. Wissenschaftlichkeit, Fatalismus und Pessimismus des „Essais"

Die Grundthesen Gobineaus lassen sich nun folgendermaßen zusammenfassen:[456]

1. Es gibt drei voneinander klar unterscheidbare Grundrassen, alle anderen Rassen sind nur Spielarten dieser drei Formen.
2. Die Rassen sind ungleich befähigt. Die weiße Rasse ist die absolut überlegene, und innerhalb der weißen Rasse ist es ausschließlich der arisch-germanische Zweig, der zu kulturellen Leistungen befähigt ist.
3. Die Geschichte ist das Ergebnis von Mischungen und Kreuzungen der Rassen.
4. In der Neuzeit ist der Vorrat an Arierblut erschöpft.
5. Durch die Vermischung der Rassen kommt es letztlich zur Degeneration der Rassen und zu deren Untergang.

---

[455] Vgl. hierzu und im folgenden KIEFER, S. 107 f, deren Analyse des „Essais" hier dem Inhalt nach wiedergegeben wird. Vgl. zu weiteren Analysen des „Essais" in der Literatur u. a. POLIAKOV, S. 98 ff, SILBERMANN, S. 24, HORTZITZ, S. 262 ff, MOSSE, Geschichte des Rassismus, S. 76 ff *sowie* MÜHLEN VON ZUR, S. 52 ff. Die wichtigsten Aspekte dieser Analysen finden sich dabei im übernächsten Abschnitt dieser Arbeit wieder.

6. Dieser Vorgang ist nicht aufhaltbar.

Für Gobineau war die Geschichte eine Naturwissenschaft. Infolgedessen mußten auch die naturwissenschaftlichen Gesetze Geltung haben.

„Wir müssen Geschichte nach der Methode der Naturwissenschaften betreiben, müssen ihr die Genauigkeit dieser Wissenschaften geben, indem wir sie auf Tatsachen aus allen Vorstellungskreisen stützen, die wir kennenlernen können."[457]

Dabei sei es, so Young, im Zug der Zeit gelegen, zu einer „chimie historique"[458] vorzustoßen. Der Hauptprozeß der Geschichte war für Gobineau die chemische Mischung der Elemente, der hypostasierten, voneinander getrennten „Urrassen". Die so entstehenden sekundären, tertiären und quarternären „Rassen" seien dabei weniger stark und würden somit im Laufe der Zeit zugrunde gehen.[459]

In der Zeit, in der Gobineau den „Essai" verfaßte, sei das Bestreben durchaus üblich gewesen, umfassende, naturwissenschaftlich fundierte Systeme aufzustellen. So gesehen, fügte Gobineau diesen bisher ausgebildeten Systemen nur ein weiteres hinzu, da für Gobineau die gesamte Degeneration im Grunde nichts anderes als ein streng physiologischer Vorgang war, sozusagen ein rein naturwissenschaftliches Untersuchungsobjekt, das von Gobineau in die Geschichte einzuführen versucht wurde. Andere Einflüsse, wie z. B. das Milieu, die Religionslosigkeit, die Fähigkeit von Regierungen, Eroberungen und Unterdrückungen, Luxus und schlechte Sitten, Dekadenz, hatte er dabei jedoch glatt geleugnet. Führten diese doch nicht notwendigerweise zum Untergang von Gemeinschaften.[460]

Dabei sah Gobineau keine Möglichkeit, dem Dilemma zu entgehen.[461] Auch eine Elite, also im Sinne Gobineaus eine wertvolle Minderheit, könne nach Gobineau nicht genü-

---

[456] Vgl. für die Punkte 1-4 YOUNG, S. 118. Die Punkte 5 und 6 sind eigene Ergänzungen.
[457] GOBINEAU, S. 744.
[458] GOBINAEU, zit. nach Young, S. 118.
[459] Vgl. YOUNG, S. 118.
[460] Vgl. EBENDA, S. 119 *sowie* die entsprechenden Ausführungen GOBINEAUS, S. 7-17, 27-55.
[461] „Wir wollen unseren Blick auf die Zeiten wenden, welche den letzten Atemzügen unserer Art vorangehen, und wollen uns von den Erdzeiten abwenden, die schon vom Tod überzogen sind, von jenen Zeiten also, in welchen der Erdball ohne Menschen auf seiner stummen Bahn weiterkreist. Ich glaube, man hat das Recht, schon eine weniger weit entfernte Zeit das ‚Weltende' zu nennen, jene, in der das Menschengeschlecht bereits vollständig erniedrigt ist." GOBINEAU, S. 755.

gend neue Impulse vermitteln, um das langsame allgemeine Kultursterben zu verhindern.[462] Diesen Kulturpessimismus und Fatalismus deutete Kaufmann als die

„notwendigen Folgen dieser Kapitulation des Geistes vor der Naturwissenschaft"[463].

Young betont, daß dieser fatalistische und pessimistische Grundcharakter des „Essais" einmal eine Reaktion persönlicher Art gewesen und zum anderen durch die allgemeine Zeittendenz bedingt sei. Gegenüber dem absoluten Fortschrittsglauben des 18. Jahrhunderts, der von der freien Bestimmung des Individuums über sich selbst und der der Völker über ihre Geschichte überzeugt gewesen sei, sei nun eine gegenteilige Reaktion erfolgt.[464] Es gebe also Faktoren, wie z. B. das Blut, die stärker wären als aller menschlicher Wille.[465] Darüber hinaus war die Geschichtsauffassung Gobineaus überaus kollektivistisch, da Gobineau der Auffassung war, daß der Wille des einzelnen keine Veränderung der gesellschaftlichen Zustände herbeiführen könne, sei diese Änderung doch ausschließlich das Produkt einer ethnischen Mischung.[466]

Und da die Rassentheorie Gobineaus deshalb letztlich eine Ablehnung der menschlichen Freiheit und eine Verneinung der Moral impliziere, weise der „Essai" einen streng materialistischen und deterministischen Charakter auf. So hätte für Gobineau die Frage, ob das Individuum von seinem „Bios"[467] determiniert sei oder nicht, nie zur Debatte gestanden. Dies wäre vielmehr eine seiner selbstverständlichen Voraussetzungen gewesen.[468]

---

[462] Vgl. YOUNG, S. 119 f. Gobineaus düstere Poesie findet man auch in seinen Briefen wieder. So schrieb er am 20. März 1856 an Tocqueville: „Ich sage den Leuten nicht: Ihr seid entschuldbar oder verurteilenswert, ich sage ihnen: Ihr sterbt. [...] Der Winter kommt, und ihr habt keine Söhne." GOBINEAU (1856), zit. nach Poliakov, Der arische Mythos, S. 269.

[463] KAUFMANN, J. (1929), zit. nach Young, S. 120. So schrieb diesbezüglich auch Gobineau: „Die Wissenschaft aber hat, indem sie uns zeigte, daß wir einen Anfang hatten, uns alle zugleich unseres Endes versichert. [...] Nicht der Tod ist es, was unsere Trauer erweckt, sondern die Sicherheit, daß er uns nur entehrt erreicht." GOBINEAU, S. 756.

[464] So auch Claussen: „Das Geschichtlichwerden der Moderne bestimmt Gobineaus Denken. Zur Modernisierung gibt es keine Alternative. Negativ spiegelt Gobineaus Rassentheorie den säkularisierten Fortschrittsglauben des europäischen Liberalismus." CLAUSSEN, D.: Was heißt Rassismus?, Darmstadt 1994, S. 40.

[465] Vgl. YOUNG, S. 120.

[466] Vgl. EBENDA, S. 121.

[467] EBENDA, S. 123.

[468] Vgl. EBENDA, S. 121 ff.

Bei genauerer Betrachtung des „Essais" fällt auf, daß die Konzeption Gobineaus einige Widersprüche, Ungenauigkeiten und Unklarheiten enthält. Gobineau glaubte an den biblischen Ursprung des Menschengeschlechts, konnte aber letztendlich die Monogenese mit der Rassenkonstanz einerseits und der Vielheit der Typen andererseits nicht in Einklang bringen.[469] Außerdem würde eine Monogenese in Verbindung mit der Rassenkonstanz letztlich auch die rassische Wertgleichheit aller Menschen bedeuten.

Darüber hinaus war die biblische Ethnologie, von der Gobineau inspiriert war, durch die Funde der Vorgeschichte zweifelhaft geworden. Nun hatte man ein höheres Alter der Menschheit anzunehmen, als es die Bibel lehrte.[470]

Weitere Widersprüche tun sich auf, wenn man sich seine Aussagen bezüglich der Rassenvermischung genauer anschaut. Zum einen behauptete Gobineau, daß die Vermischung der „Rassen" das ausgesprochen schädlichste für die Menschheit sei und unweigerlich zur Degeneration führe. Hierdurch wären auch schon viele große Kulturen zugrunde gegangen. Auf der anderen Seite betonte er aber, daß die Rassenvermischung trotzdem auch positive Aspekte hätte, da nur durch die Vermischung der „untersten Stufe" der Menschheit, der Schwarzen, mit der „obersten Stufe", den Weißen, das Künstlertum habe entstehen können. Dies steht aber letztlich im Widerspruch zu der Annahme Gobineaus, daß jede Vermischung der „Rassen" unweigerlich zum Niedergang und zur Degeneration führen würde.

Hinzu kommen noch viele seiner unrichtigen Theorien über den Ursprung verschiedener „Rassen" oder Völker,[471] ganz abgesehen von seiner Annahme der von Natur aus vorgegebenen Ungleichheit der verschiedenen „Rassen", die er entweder mit „scheinwissenschaftlichen" Argumenten zu beweisen versuchte oder aber einfach als „naturbedingt und daher unüberbrückbar" darstellte.[472] Darüber hinaus sei an dieser Stelle noch

---

[469] Vgl. EBENDA, S.124.

[470] Vgl. EBENDA.

[471] So schreibt diesbezüglich auch von zur Mühlen: „Um nun die zahllosen Ungereimtheiten und offensichtlichen Irrtümer seiner Kultur- und Geschichtstheorie historisch zu untermauern, sah Gobineau sich veranlaßt, die Geschichte auf vielfältige Weise zu verfälschen. So stellte er die phantastische Behauptung auf, daß alle nicht-europäischen Kulturen (mit drei Ausnahmen) durch prähistorische arische Eroberervölker begründet und durch Rassenvermischung auch erbbiologisch im Bevölkerungssubstrat verankert worden seien." MÜHLEN VON ZUR, S. 54.

[472] So schrieb beispielsweise Gobineau: „Vor allem fällt uns auf, daß sich die weiße Rasse niemals in jenem primitiven Zustand zeigt, wie die beiden anderen Rassen. Vom ersten Tage an zeigt sie sich

exemplarisch Gobineaus Annahme erwähnt, nach der Europa, bevor die Arier dort eingedrungen wären, von der gelben „Rasse" bewohnt gewesen sein soll.[473]

„Es ist müßig, das Werk Gobineaus auf all seine Absurditäten und inneren Widersprüche hin
zu untersuchen oder alle jene offensichtlichen Irrtümer und Unrichtigkeiten herauszugreifen,
die auch schon von seinen Zeitgenossen als solche erkannt und kritisiert wurden. [...] Vom
wissenschaftlichen, insbesondere methodologischen Standpunkt aus war Gobineau völlig un-
ergiebig, ja geradezu primitiv und konnte wissenschaftlichen Ansprüchen in keiner Weise ge-
nügen. Nimmt man den ‚Essai' als Geschichtsphilosophie, so fehlt jede Klärung und Abgrenzung der zentralen Begriffe: Rasse, Entwicklung, Kultur, Dekadenz. Der erkenntnistheoreti-
sche Ausgangspunkt seiner Theorie blieb ungeklärt und beruhte [...] auf unreflektierter Intui-
tion, die sich jeder kritischen Nachprüfung entzog. Betrachtet man den ‚Essai' als historische
Darstellung, so fallen die völlige Kritiklosigkeit gegenüber den benutzten Quellen und deren
oft recht willkürliche Interpretation auf. Anekdotische Gerüchte, die etwa Eingang in die antike Literatur gefunden hatten, übernahm Gobineau ohne Anwandlung auch nur des geringsten
Zweifels, und Reisebeschreibungen irgendwelcher zeitgenössischer Weltenbummler fanden
seine Zustimmung, sobald sie nur in sein Konzept paßten. Für eine naturwissenschaftliche
Anthropologie fehlten meßbare Daten und überprüfbare Aussagen, wogegen die Schädelin-
dex-Theorien späterer Rassenideologen sich geradezu seriös annehmen. Auch als Soziologie
und Sozialgeschichtsschreibung konnte Gobineaus Werk keiner Kritik standhalten. Den einzigen Beitrag, dem trotz seiner abstrusen Begründung eine gewisse imposante Kühnheit nicht
abgesprochen werden kann, lieferte er mit der Theorie der arischen Rasse, die die übrige
Menschheit befruchte, dabei aber sich selbst verbrauche und nach Ausführung ihres Auftrags
zugrunde gehen müsse. [...] Dieser Ariermythos stand aber jenseits aller Wissenschaftlichkeit
und gehörte in den Bereich politischer Phantasie."[474]

Sicherlich war somit der „Essai", auch bei einer „milderen" Betrachtung als der von von
zur Mühlen, kein wissenschaftliches Werk. Man könnte es eher, so Young, als Glau-
bensbekenntnis eines Aristokraten bezeichnen. Gobineau habe einem ganz persönlichen
Bedürfnis Ausdruck geben wollen[475] und in diesem Zusammenhang auch einmal gesagt:

---

verhältnismäßig kultiviert und besitzt die wichtigen Anfänge zur Entwicklung eines Zustandes der
Überlegenheit, welcher sich später bei ihren einzelnen Zweigen entwickelt und die verschiedenen
Formen der Zivilisation schafft." GOBINEAU, S. 163. Belegt bzw. bewiesen hat Gobineau diese
Aussage allerdings nicht.
[473] Vgl. EBENDA, S. 433.
[474] MÜHLEN VON ZUR, S. 59.
[475] Vgl. YOUNG, S. 124. Anders in bezug auf die Wissenschaftlichkeit (oder Scheinwissenschaftlichkeit)
Gobineaus urteilt jedoch Claussen: „Bei näherem Hinsehen entpuppt sich die nachträgliche Plazierung
[Anm.: Gobineaus] als Patriarch der Rasseideologen des Nationalsozialismus als ein Vorurteil, das
Gobineau aus der Geschichte der europäischen Wissenschaft exterritorialisiert. Attribute wie ‚pseu-
dowissenschaftlich' dienen eher dazu, das Bild einer reinen Wissenschaft aufrechtzuerhalten, die un-
angetastet von gesellschaftlichen Interessenkämpfen nur der Erforschung der Wahrheit dient. Aber

„Ce livre [Anm.: Der „Essai"] est l'expression des instincts apportés par moi en naissant."[476]

Und in einem Brief an Cosima Wagner aus dem Jahre 1880 schrieb er, daß er wissen gewollt habe, welches Blut in seinen Adern fließe, und daß seine Werke Frucht dieser Untersuchungen seien. Der „Essai" sei damit nichts anderes als eine Art geschichtsphilosophische Abfassung eines erweiterten Familienstammbuches.[477]

Außer diesen persönlichen Interessen könnte man der Schaffung des „Essais" noch politische Interessen zugrunde legen. So habe Gobineau in einem Brief an den Baron von Prokesch-Osten geschrieben, daß ihm die Wissenschaft in dem „Essai" nur ein Mittel dazu gewesen sei, seinen Haß gegen die Demokratie und die Revolution zu befriedigen. Insofern habe er damit versucht, den Imperialismus einer „Rasse", deren letzte Nachkommen sich in der Demokratie finden sollten, zu legitimieren und gleichzeitig die Demokratie aus einem Rachegefühl heraus als Dekadenzerscheinung zu brandmarken. Die einzig vernunftgemäße Regierungsform sei für Gobineau die Monarchie gewesen. Daß die Aristokratie in seiner Zeit ihren Höhepunkt schon längst überschritten hatte, mußte auch Gobineau klar gewesen sein. Trotzdem hätte er vorher noch „nachweisen" wollen, daß zusammen mit der Aristokratie auch die Gesamtkultur unterginge.[478]

Gobineau folgte exakt diesem wissenschaftlichen Ideal der Moderne, das auch seine Kritiker teilen. Gobineau nahm die wissenschaftliche wie die politische Entwicklung seiner Zeit genau zur Kenntnis. Sein Werk ist gekennzeichnet von der zunehmenden Spaltung der Wissenschaft in Natur- und Humanwissenschaften. Die in Entstehung befindlichen Gesellschaftswissenschaften orientieren sich an der Autorität der positiven Wissenschaften, die mit den sichtbaren Erfolgen wachsender Naturbeherrschung identifiziert werden. [...] Das wissenschaftliche Ideal ist bei Gobineau der Naturforschung entlehnt. [...] Gobineau versucht die Ergebnisse der Wissenschaften für die Diagnose zusammenzufügen – ganz wie ein Arzt, der nicht nur nach naturwissenschaftlichen Gesichtspunkten eine Untersuchung des Patienten vornimmt, sondern der die Lebenserwartung eines Menschen beurteilt. [...] Alles mischt sich – auch beim Wissenschaftler Gobineau: Zoologie, Ethnographie, Linguistik." CLAUSSEN, S. 40 f. Und Poliakov schreibt: „Gobineau, der ungeheuer belesen war, zog die gesamte anthropologische Literatur seiner Zeit sowie die Werke der bedeutendsten »Physiologen« für seine These heran; was aber die eigentlich historischen Quellen betrifft, so kommt gewiß der Bibel den ersten Platz zu. Tatsächlich hielt sich Gobineau an die biblische Chronologie (die Menschheit, wenn nicht sogar das Universum, sei fünf- oder sechstausend Jahre alt), und den roten Faden seiner Schöpfungsgeschichte entlehnte er der Genesis, in der seiner Ansicht nach nur von den Weißen die Rede ist." POLIAKOV, Der arische Mythos, S. 265.
[476] GOBINEAU, zit. nach Young, S. 124.
[477] Vgl. YOUNG, S. 124.
[478] Vgl. EBENDA, S. 125 f. Etwas differenzierter betrachtet Claussen diesen Aspekt. So ist er der Meinung, daß Gobineau zwar politisch aus seiner aristokratischen Abneigung gegen die bürgerliche Gesellschaft keinen Hehl gemacht habe, aber daß sich dennoch sein Denken nur in polemischer Absicht auf seine aristokratische Herkunft und seine Angst vor der Herrschaft der Mittelmäßigkeit reduzieren lasse. Gobineau habe nach dem verlorenen Schlüssel gesucht, um die menschliche Entwicklung zu verstehen. Vgl. CLAUSSEN, S. 40 f.

Gobineau wollte also einen Gesellschaftszustand der Vergangenheit schildern und ver-
herrlichen, bei dem für Rang, Ansehen und Besitz die „Rasse" ausschlaggebend war.
Gobineau sah aber doch sehr wohl, daß man weder in seiner Zeit noch in irgendeiner
Zukunft auf diese Zustände zurückkommen könne. Das Zeitalter der Rassenunterschiede hielt er für beendet und die Demokratie (und damit die Gleichheit zumindest der Geburt nach, ohne Rassenunterschiede) für die einzige Regierungsform, die sich aus der
blutmäßigen Verfassung heraus als die beste anpries und logisch ergab.[479]

9. Wirkung des „Essais" und seine Beurteilung in der Literatur

Gobineau galt als Hauptvertreter einer anthropologischen Geschichtsauffassung, also
einer Geschichtsauffassung, die die Ursachen des geschichtlichen Wandels ausschließlich im menschlichen Wesen selbst sah und nicht in äußeren, sozialen und kulturellen
oder wissenschaftlichen Faktoren.[480] Im Grunde hatte er sogar eine rein materialistische
Geschichtsauffassung, denn allein etwas Materielles, nämlich das Blut, sollte die Ursache aller geschichtlichen Leistungen sein. Für Gobineau war einerseits die „Rasse" von
Gott gegeben und andererseits habe seiner Ansicht nach der Mensch keinerlei Einfluß
auf den Verfall, der durch die unaufhaltsame Rassenkreuzung eingesetzt habe.[481]

Gobineau stellte also die These auf, daß die verschiedenen „Rassen" bestimmte unver-
änderliche Eigenschaften und Fähigkeiten bewahrten. Die Beherrschung aller anderen
„Rassen" komme dabei den in Nordwesteuropa lebenden Ariern zu. Diese wurden von
ihm als „Eliterasse" bezeichnet. Seine Lehre sollte vor allem in Deutschland die größte
Resonanz finden und sich nachhaltig auf Wagner[482], Nietzsche[483] und Houston Stewart

---

[479] Vgl. YOUNG, S. 133.
[480] Vgl. hierzu auch ausführlich Biddiss, M. D.: Father of Racist Ideology. The Social and Political
Thought of Count Gobineau, London 1970.
[481] Vgl. RÖMER, S. 31.
[482] Allerdings konnte sich dieser Einfluß nur noch auf die Spätwerke Wagners auswirken, fand die erste
Begegnung zwischen Gobineau und Wagner doch erst im Jahr 1876 statt, die darüber hinaus ohne
große weiteren Folgen blieb. Die zweite und bedeutsamere Begegnung fand 1878, und damit fünf Jahre vor Wagners Tod, in Venedig statt. Erst jetzt las Wagner Gobineaus Werke und lud daraufhin Gobineau nach Bayreuth ein. Vgl. YOUNG, S. 224. Gobineau soll, so Römer, in Wagner den Vollender
des Germanentums gesehen und vor allem im „Ring der Nibelungen" das Ideal einer hohen Rasse
verkörpert gefunden haben. Auf der anderen Seite schwärmte Wagner, der sich schon vor der Begegnung mit Gobineau mit Rassenfragen beschäftigt hatte, für reine „Rassen". Gobineaus großer Einfluß

Chamberlain[484] auswirken, dessen Werk „Die Grundlagen des 19. Jahrhunderts" auf eine Verherrlichung des arischen Geistes zielte und die Rassenlehre des Nationalsozialismus besonders beeinflußte.[485]

Mitte der dreißiger Jahren urteilten zwei Franzosen wie folgt über Gobineau:

> „Die Geschichte ist nach Gobineau eine ethnologische Frage, sie findet ihre Erklärung durch die Vorzüge der verschiedenen Rassen, die aufeinanderstoßen, und der Untergruppen, die aus ihren Kreuzungen entstehen. [...] Und Gobineau kommt zu dem traurigen Ergebnis, daß die Menschheit durch fortschreitende, unaufhaltsame Verdünnung des arischen Blutes im Abstieg begriffen sei. Wie stark Gobineau auch übertrieben haben mag, und wie naiv uns heute seine Ideen über die ‚Arier' anmuten, so hat er dennoch das große Verdienst, der Ethnologie in der Geschichtsphilosophie einen Platz angewiesen zu haben. Seine Ideen zeigen eine gewisse Größe, aber sie wurden leider durch zahlreiche Rassepropagandisten minderen Formats verzerrt und ausgebeutet, die die besten Eigenschaften der Menschheit einer nationalen Gruppe, die von ihnen als rassisch bezeichnet wurde, zuerteilen wollten, einer Gruppe, die selbstverständlich die war, der sie selbst angehörten. Indem sie in abscheulicher Weise die Menschen aufhetzten, haben sie einen neuen, unnötigen Vorwand gegenseitigen Hasses geliefert."[486]

Weiter führten sie aus, daß es nicht erstaunlich sei, daß die Theorien Gobineaus, die dem Stolz der Deutschen geschmeichelt hätten, die sich doch für die reinsten Abkömmlinge der Arier hielten, ganz besonders Anklang gefunden hätten. In vielgelesenen Büchern hätten zahlreiche „Ethno-Philosophen"[487] wie Chamberlain und Ammon diese Ideen aufgegriffen und die Überlegenheit der echten Germanen über alle Menschen verkündet. Diese Lehren wären in das deutsche Volk eingedrungen und hätten die alldeutschen Tendenzen, die auf die Weltherrschaft hinzielten, verstärkt.[488]

---

auf die Wagnerschen Spätschriften äußerte sich vor allem in Wagners Werk „Heldentum und Christentum" (1881), in welchem sich Wagner zustimmend mit Gobineau auseinander setzte. Außerdem veröffentlichte der Bayreuther Kreis in den achtziger Jahren Arbeiten über Gobineau. Vgl. RÖMER, S. 31 f.

[483] „Nietzsches Herren- und Sklavenmoral ist bereits bei Gobineau ganz klar ausgedrückt, darf allerdings bei letzterem nicht aus seinem pessimistischen Gesamtbild und seiner trüben Zukunftsschau herausgelöst werden." YOUNG, S. 123. Vgl. ausführlicher zum Verhältnis von Nietzsche zu Gobineau EBENDA, S. 270-284. Vgl. darüber hinaus die Ausführungen weiter unten.

[484] Vgl. weiter unten.

[485] Vgl. SILBERMANN, S. 25.

[486] LESTER, P./MILLOT, J.: Grundriß der Anthropologie. Aus dem Französischen und herausgegeben von Frédéric Falkenburger, Lahr 1947, S. 166 f. Die Übersetzung dieses Werkes stammt zwar erst aus dem Jahr 1947, die erste Auflage im Französischen datiert jedoch aus dem Jahr 1936, die zweite aus dem Jahr 1939.

[487] EBENDA, S. 167.

[488] Vgl. hierzu und im folgenden EBENDA, S. 167 f.

Nach dem ersten Weltkrieg hätten deshalb politische Agitatoren keine großen Mühen gehabt, den Unterlegenen einzureden, daß fremdrassige Elemente im Innern Deutschlands alle Schuld an der Niederlage Deutschlands trügen. Das beste Mittel, Kraft und Größe wiederzuerlangen, hätte deshalb, nach Ansicht dieser Agitatoren, darin bestanden, die „Rasse" wieder rein zu machen und alle Nicht-Arier, insbesondere die Juden, zu eliminieren. Hieraus sei der Ausbruch des wütenden Antisemitismus seit 1933 entstanden, der zu Verfolgungen jeglicher Art gegen die deutschen Juden und zur Auswanderung eines großen Teils von ihnen geführt habe.

Poliakov[489] schreibt über Gobineau, daß man sich in der Tat einig sei, daß der Rassismus auf Gobineau zurückgehe, dies aber bei genauerem Hinsehen gar nicht so offensichtlich sei. Würde man die Schriften dieser Zeit lesen, so habe man den Eindruck, daß dieser französische Diplomat dem Abendlande, das seine rassistischen Einstellungen nie habe zugeben wollen, als Sündenbock gedient habe, und daß es die Verantwortung für seine Irrtümer auf einige Autoren zweiten Ranges habe abwälzen wollen. Gobineau sei von ihnen jedoch ohne Zweifel der bedeutendste. Auch Poliakov und seine Mitarbeiter führen dann an, daß Gobineau jedoch kein originaler Denker gewesen sei,[490] sondern daß es ihm höchstens gelungen sei, zu seiner Zeit weitverbreitete Ideen wiederzugeben und sie mit einem wissenschaftlichen Anstrich zu versehen.

Gobineaus Dreiteilung der Menschheit wäre dabei sehr wohl mit seiner nochmaligen Unterteilung der überlegenen weißen „Rasse" in die Hamiten, die Semiten und die Japhetiten, die Vorfahren der Arier, zu vereinen. Bei dieser Unterteilung handele es sich um eine sehr vielschichtige Vorstellung, die die alte biblische Genealogie aufnehme, ihr aber einen neuen Sinn gebe. Damit würden die Nachkommen Noahs (Ham, Sem und

---

[489] Vgl. im folgenden POLIAKOV, Über den Rassismus, S. 98 ff. Anzumerken ist hierbei, daß das Kapitel 8, in dem sich die Analyse wiederfindet, nicht von Poliakov selbst, sondern von seinem Mitarbeiter, dem Historiker Patrick Girard, geschrieben wurde. Siehe die entsprechende Bemerkung im Vorwort des Buches: EBENDA, S. 10 f. Da aber Girard in diesem Kapitel die „Wir"-Form benutzt, wird im folgenden, wenn von dem Verfasser die Rede ist, die Bezeichnung „Poliakov und seine Mitarbeiter" verwendet.

[490] So schreibt diesbezüglich auch Mosse: „[...] Gobineaus [...] Denken war nicht schöpferisch, sondern synthetisch: Er verwertete Anthropologie, Linguistik und Geschichte, um sich ein komplexes intellektuelles Gerüst zu schaffen, in dem Rasse alles und jedes in Vergangenheit, Gegenwart und Zukunft erklärte – ganz gleich, ob es um Höhepunkte wie die Renaissance ging, oder um die durch das zeitgenössische Frankreich verkörperte Dekadenz. [...] und [Gobineau] belegte ihn [Anm.: den „Essai"] mit

Japhet) zumindest ursprünglich die höchststehenden „Rassen" bilden im Gegensatz zu den minderwertigen „Rassen", den Schwarzen und Gelben, deren Ursprung im Dunkeln bleiben würde. Gobineau würde sie in Verbindung mit einem Ur-Adam bringen, ohne allzu viel Wert darauf zu legen, daß er als Anhänger der Monogenese in theoretischer und als Anhänger der Polygenese in praktischer Hinsicht zu bezeichnen sei.[491]

Die Klassifizierung der Menschheit in drei säuberlich getrennte „Rassen" war, wie Poliakov und Mitarbeiter bemerken, von Gobineau weiter differenziert worden. So habe er beispielsweise von den Juden ein eher schmeichelhaftes Bild gezeichnet,[492] da sie trotz ihrer vielen negativen Eigenschaften ein freies, starkes und intelligentes Volk seien, das, bevor es mutig und mit der Waffe in der Hand seine Unabhängigkeit verloren habe, der Welt fast so viele Gelehrte wie Händler geschenkt habe.[493] Dies sei ein Judenbild, das seine „nazistischen Schüler" nur mit Schwierigkeiten für ihre eigenen Zwecke hätten übernehmen können. Poliakov und seine Mitarbeiter bemerken weiter zu diesen von Gobineau gemachten Ausführungen über die Juden, daß diese aber in keiner Weise mit seinen übrigen Gedanken in Widerspruch ständen, da eine für sich und unabhängig von ihrem Platz in der Hierarchie betrachtete „Rasse" sehr wohl mit allen Tugenden versehen sein könne.

Poliakov und seine Mitarbeiter kommen zu dem Schluß, daß Gobineaus Rassismus mit den verhängnisvollen Folgerungen, die die Nazis aus ihm ziehen wollten, nichts gemein habe. Gobineaus Hauptbeitrag sei die These, daß die Rassenfrage das wichtigste Problem der Universalgeschichte sei und alle anderen Probleme der Universalgeschichte auf den zweiten Rang verweise. Gobineaus Unterscheidung zwischen höher- und minderwertigeren „Rassen" genüge dabei, den Lauf der Geschichte zu erklären, in der den Ariern ein hervorragender Platz zufalle. Von diesem besonderen Standpunkt aus erkläre

---

Beobachtungen, die er während ausgedehnter Reisen gemacht hatte." MOSSE, Geschichte des Rassismus, S. 76.

[491] Vgl. hierzu auch YOUNG, S. 130 f. So schreibt Young an dieser Stelle auch: „Die Behauptung Schemanns, die Lehre vom polygenetischen Ursprung des Menschengeschlechts habe auf Gobineau ‚den weit tieferen Eindruck gemacht, er habe sich nur aus dem Grunde nicht zu ihr bekannt, weil die falsche Autorität der Bibel in ihm nachzitterte', ist durch nichts zu rechtfertigen, und die Werke Gobineaus enthalten nur gegenteilige Versicherungen." EBENDA, S. 131.

[492] Für die damalige Zeit.

[493] „Und was für ein Volk waren diese Juden, die Bewohner dieses elenden Erdenwinkels? Ich wiederhole es: ein Volk, geschickt in allem, was es unternahm, ein freies, starkes, intelligentes Volk, das, ehe es mit den Waffen in der tapferen Hand den Ehrennamen einer unabhängigen Nation verlor, der Welt beinahe ebensoviel Doktoren wie Kaufleute geliefert hatte." GOBINEAU, S. 43.

sich dann auch das Verschwinden der großen Reiche durch Rassenmischung. So führe Gobineau aus, daß die Entartung der Griechen auf eine zu starke Beimischung schwarzen und semitischen Blutes zurückzuführen sei, und daß gegen solch eine katastrophale Entwicklung auch Europa nicht gefeit gewesen war. Während die Kelten aus einer Kreuzung zwischen Weißen und Gelben hervorgegangen seien,[494] hätten es die germanischen Arier verstanden,[495] lange Zeit ihre rassische Reinheit zu bewahren. Da sie sich aber im Laufe der Völkerwanderung in ganz Europa verbreitet hätten, seien sie selbst verunreinigt worden, ohne indessen gewisse ihrer ursprünglichen Züge zu verlieren.

Angesichts des eben geschilderten Prozesses sei Gobineau zu seiner radikal pessimistischen Auffassung über die modernen europäischen Nationen gekommen. So seien nach Ansicht Gobineaus alle, auch die Deutschen, unausweichlich einem elenden Untergang geweiht. Nur die Engländer hätten gewisse Spuren der alten arischen Eigenschaften bewahrt. Aus dieser Perspektive stünde so der Welt der Weißen der baldige Untergang bevor. Nach Meinung Poliakovs und seiner Mitarbeiter spüre man in dieser pessimistischen Geschichtsauffassung den schroffen Gegensatz zu dem damals so weitverbreiteten Vorstellungen vom Fortschritt und von der Perfektibilität der menschlichen Natur.

Im Anschluß an diese Ausführungen beschäftigen sich Poliakov und seine Mitarbeiter mit den Wirkungen von Gobineaus „Essai". Diesbezüglich merken sie an, daß Gobineaus Werk ein wechselhaftes Schicksal gehabt habe. Zunächst sei ihm keine Beachtung zuteil geworden, obwohl Tocqueville und Renan den Autor ermutigt, dabei aber auch gewisse Vorbehalte in bezug auf die möglichen Interpretationen angebracht hätten.[496] Es sei eine Ironie der Geschichte, daß der „Essai" in einem Land, mit dem er nicht glimpflich umgesprungen sei, nämlich in Deutschland, große Beliebtheit erlangt habe. Aber der französisch-preußische Krieg von 1870/71 habe jenseits des Rheins, im

---

[494] Genauer gesagt ging Gobineau davon aus, daß sich die Kelten auf ihrem langen Weg durch Europa langsam mit den dort ansässigen gelben Völkern vermischt hätten. Vgl. EBENDA, S. 484.

[495] Vgl. EBENDA, S. 599 ff.

[496] Gobineaus Wirkung hatte also nicht sofort eingesetzt. In Deutschland war der „Essai" zunächst auf Widerspruch gestoßen. Gobineau wurde von Heinrich Ewald in den „Göttingschen Gelehrten Anzeigen" vom 01. Mai 1854 recht kritisch besprochen. Er beklagte die unklaren Anschauungen Gobineaus und tadelte den Gebrauch des Wortes Arier für die Weißen. Darüber hinaus sah er klar den politischen Antrieb Gobineaus, der sich gegen die Gleichmacherei und die Revolution von 1848 richtete. Hinzu kam, daß er Gobineau nach den Beweisen fragte, die Gobineau habe, um die Menschen von Uranfang an in verschiedene Arten einzuteilen. Die zweite negative Rezension wurde 1855 vom deutschen Sprachwissenschaftler August Friedrich Pott (1802-1887) verfaßt, und zwar in Form einer höhnischen Streitschrift. Vgl. RÖMER, S. 31.

Deutschen Reich, eine nationalistische Welle und mit ihr die Schwärmerei für den blon-
den Arier, der dann bald dem Deutschen gleichgesetzt worden sei, ausgelöst. Die Frage,
welche Bedeutung dem „Essai" in der Geschichte des Rassismus zukomme, sehen Poliakov und seine Mitarbeiter als ein schwieriges Problem an. Daß die Nazis ihn sich
schließlich zu eigen gemacht hätten, sei zwar schwerwiegend, könne aber nicht vergessen lassen, daß der Autor von deren Lehren in vielen Punkten abgewichen sei.

So hätten deshalb seit einigen Jahren verschiedene Autoren wie Janine Buenzod und
Jean Boissel versucht, die strengen Urteile über den „Essai" etwas abzumildern. Poliakov und seine Mitarbeiter neigen dabei dazu, sich deren Folgerungen anzuschließen, da
der Autor die in seinem Namen begangenen Fehlschlüsse weder gewollt noch für möglich gehalten habe. In diesem Zusammenhang müsse sein grundsätzlicher Pessimismus
in Rechnung gestellt werden, da Gobineau als letzter Verkünder einer bereits dekaden-
ten Aristokratie das Schicksal seiner Klasse und „Rasse" beklagt habe. Er habe den Zerfall als unvermeidlich angesehen, der durch kein menschliches Bemühen aufzuhalten
sei.

Nach Poliakov und seinen Mitarbeitern würden die „modernen Rassisten" dabei aber
ganz anders vorgehen. Da sie an die Notwendigkeit und die Möglichkeit glaubten, die
Reinheit und die Überlegenheit der „arischen Rasse" aufrechterhalten zu können, würden sie nicht zögern, ihre Doktrin in bekannter Weise in die Praxis umzusetzen. Es sei
deshalb eine vergebliche Mühe zu leugnen, daß der „Essai" für die Entwicklung des
modernen Rassismus eine entscheidende Rolle gespielt habe. Poliakov und seine Mitarbeiter führen diesbezüglich Janine Buenzod an, die angemerkt habe, daß Gobineau

> „einer derjenigen [war], vielleicht überhaupt derjenige, die am stärksten an der Verherrlichung
> des Rassenbewußtseins beteiligt waren"[497].

Zu einer ähnlichen Einschätzung über die Absichten und die spätere Interpretation und
Bedeutung des „Essais" gelangt Nicoline Hortzitz[498], die sich im Rahmen des biolo-
gisch-anthropologischen Begründungsverfahren als Strukturtyp der Argumentation in
antijüdischen Texten mit Gobineau und seiner Bedeutung beschäftigt hat. Hortzitz setzt
die Entstehung des rassisch begründeten Antisemitismus in den 70er Jahren des 19.

---

[497] BUENZOD, J., zit. nach Poliakov, Über den Rassismus, S. 102.
[498] Vgl. im folgenden HORTZITZ, S. 262 ff.

Jahrhunderts an. Dieser bedeutete nach ihrer Meinung in Hinsicht auf die judenfeindliche Tradition in Deutschland den Abschluß einer jahrhundertelangen Entwicklung und zugleich den Anfang einer neuen Epoche. Dabei seien alle rasseantisemitischen Lehren, die die Argumentation im 19. Jahrhundert maßgeblich beeinflußten (z. B. die Theorien E. Dührings und H. S. Chamberlains), im Gefolge von Gobineaus grundlegendem Werk ab dem letzten Viertel des 19. Jahrhunderts entstanden.[499]

Hortzitz sieht als das grundsätzlich Neue an Gobineaus „Essai", das die Judengegner begierig aufgegriffen hätten, um es für ihre Zwecke zu modifizieren, daß der „Essai" der Versuch gewesen sei, die Geschichte naturwissenschaftlich, als Prozeß von Rassenmischung und Rassenverfall zu deuten. Somit würden nach Gobineaus Verständnis nicht individuelle, willensmäßige Kräfte, Milieueinflüsse oder soziale, politische und kulturelle Faktoren zu Veränderungen im geschichtlichen Ablauf führen, sondern allein mit dem Prinzip der „Rasse", das wie ein Naturgesetz das Werden der Geschichte beeinflusse, könnten Phänomene wie kulturelle Blüte und kultureller Niedergang erklärt werden. So sah Gobineau den Verfall eines edlen Volkes in der Mischung verschiedenartiger und verschiedenwertiger „Rassen" begründet. Die guten Elemente eines Volkes könnten sich der zersetzenden Einwirkung der Erbteile eines minderwertigen Volkes nicht entziehen. Mit dieser Geschichtsdeutung auf rassentheoretischer Basis verbünde sich die willkürliche Setzung einer Rassenwertskala.

Hortzitz führt bezüglich des Einflusses Gobineaus aus, daß dieser bis in die Mitte des 20. Jahrhunderts die Schlüsselfigur vieler Rassentheorien blieb. Die rassistischen Doktrinen des 19. Jahrhunderts seien im 20. Jahrhundert mit Erkenntnissen der Anthropologie, Vererbungstheorie und Eugenik[500] verknüpft worden, so daß seitdem der Rassenbegriff auch genetisch begründet worden sei.

---

[499] Vgl. darüber hinaus auch die Ausführungen Youngs über den Einfluß Gobineaus auf O. Ammon, L. Woltmann und W. Schallmeyer YOUNG, S. 285-294. So hätten Ammon und später auch Woltmann Gobineaus Werk nur erweitert und umgekehrt, ohne dessen Grundideen wesentlich Neues hinzuzufügen.

[500] Unter Eugenik versteht man die Erbgesundheitsforschung, -lehre und -pflege mit dem Ziel, erbschädigende Einflüsse und die Verbreitung von Erbkrankheiten zu verhüten. Die Eugenik ist gekennzeichnet von einem antigenerativen Aktivismus und Technizismus, im Gegensatz zu einer passiv-fatalistischen Position, welche die Degeneration und die negative soziale Selektion als gegeben ansieht. Der Begründer der Eugenik war Francis Galton (1822-1911), ein Verwandter Darwins. Er wandte die darwinistische Theorie der Selektion als erster systematisch auf die menschliche Gesellschaft an. Das Gedankengebäude der Eugenik entwarf er schon Mitte der 60er Jahre des 19. Jahrhunderts und gab diesem dann auch 1883 diesen Namen. Dabei ging Galton von drei Prämissen aus: 1. Von der Erblichkeit

Auch auf die Gefahr hin, daß sich einige Aussagen und Inhalte wiederholen werden, wird im folgenden auf eine weitere Autorin eingegangen, Annegret Kiefer, die sich mit dem „Essai" beschäftigt hat.[501] Hintergrund hierfür ist, daß anhand dieser weiteren Darstellung aufgezeigt werden soll, daß sich die „heutigen" Autoren[502] in bezug auf die Interpretation des „Essais", die Gründe seiner Entstehung und die Folgen, die sich aus dem „Essai" ergaben, im großen und ganzen einig sind. Sicherlich gibt es in verschiedenen Aspekten und Nuancen gewisse Unterschiede, jedoch traten in der gesichteten Literatur keine größeren Unterschiede in der Beurteilung des „Essais" auf.[503]

Der einzige Aspekt, der hierbei zu nennen wäre, ist die Frage des „Schuldgrades" Gobineaus für seine spätere „Nutzanwendung" durch Rassisten und Antisemiten. Dabei geht es also um die Frage, ob, und wenn ja, inwieweit Gobineau dies eventuell hätte erahnen oder erkennen müssen, nicht aber um die Frage, ob Gobineaus Theorien hierfür verwandt wurden, denn daß sie dies, wenn auch in zum Teil umgedeuteter Form, wurden, darüber kann wohl kein Zweifel bestehen. Bezüglich der Schuld Gobineaus gelangen die überwiegende Mehrheit der Autoren [Anm.: In bezug auf die gesichtete, neuere Literatur] zu dem Ergebnis, daß Gobineau, vor allem aufgrund seiner vollkommen anderen Intention, mit der er den „Essai" schrieb, letztendlich schuldlos an der späteren Umdeutung und Verwendung war.

---

genialer und überdurchschnittlicher Begabung, 2. von der enormen historischen Bedeutung und dem kulturellen Wert solcher erblich Hochbegabter für eine Nation oder Rasse und 3. von der Feststellung einer für jene Gruppe ungünstigen sozialen Selektion in den modernen europäischen Staaten. Infolgedessen vollzog er die programmatische Wende zum aktiven Selektionismus. Sie sollte die körperliche und geistige Leistungsfähigkeit eines Volkes oder einer Rasse heben. Eugenik (Rassenhygiene, so der deutsche Name) bedeutet im Endeffekt nichts anderes als eine züchterische Kontrolle der menschlichen Fortpflanzung. In Deutschland sind die Anfänge der Eugenik erst in den neunziger Jahren festzustellen. Die ersten deutschen Eugeniker waren Wilhelm Schallmayer (1857-1919) und Alfred Ploetz (1860-1940). Durchaus im darwinistischen Sinne wurde eine „Rasse" von ihnen, wie auch von Galton, als eine Abstammungs- und Fortpflanzungsgemeinschaft begriffen. Auch näherten sich bei ihnen die Begriffe Rasse und Volk einander an. Indessen stand die erbliche Ungleichheit der Rassen, insbesondere etwa die geistige Überlegenheit der europäischen Völker über die afrikanischen, für Galton und seine Nachfolger fest. Vgl. SCHÜTZ, S. 33 f. Zur Geschichte der Eugenik und der Rassenhygiene in Deutschland: WEINGART, P./ KROLL, J./BAYERTZ, K.: Rasse, Blut und Gene. Geschichte der Eugenik und Rassenhygiene in Deutschland, Frankfurt a. M. 1988, die diese in ihrem Werk ausführlich behandeln.
[501] Vgl. des weiteren auch ausführlich von zur Mühlens Darstellung und Analyse der Rassentheorie Gobineaus, MÜHLEN VON ZUR, S. 52-73.
[502] Dies gilt, wie gesagt, nur für die heutigen Autoren. Vgl. zu Beurteilungen (stark verkürzt in Schlagwörtern) in früheren Werken YOUNG, S. 136 f.

Trotzdem darf aber nicht vergessen werden, daß man Gobineau als Rassisten bezeichnen muß. Er dachte rassisch, legte eine Rassentheorie vor und wollte seine Weltsicht
durch den Rassismus erklären. So gibt der „Essai" seinen Rassismus genau wieder. Dieser Rassismus war jedoch noch nicht der extrem ausgrenzende und vernichtende Rassismus der Folgezeit. Er verknüpfte noch keine rassenhygienischen oder sonstigen Maßnahmen mit seinem rassischen Weltbild. Er forderte keine Konsequenzen, um dem dro-
henden Untergang aller Kulturen entgegenzuwirken. Aufgrund seines Geschichtspessimismus und Glaubens an den Determinismus seines Rassengesetzes, der Degeneration
der „Rassen" durch Vermischung, gab sich Gobineau stark fatalistisch. Dies sollte sich
jedoch bei anderen Autoren nach Gobineau (bzw. in den Folgejahren nach dem Erscheinen des „Essais") bald ändern.

Annegret Kiefer[504] betont, daß in Gobineaus „Essai" konstitutive Elemente der antijüdischen Rassenideologie zugrunde gelegt seien, nämlich die wertmäßige Ungleichheit der
„Rassen", die Reinheit der „Rasse" als entscheidendes Kriterium, die Verknüpfung ge-
schichtsphilosophischer Aspekte mit dem Rassengedanken und die Bevorzugung der
arisch-germanischen „Rassen". Dadurch hätten seine Theorien eine nicht zu unterschät-
zende Rolle bei der Entstehung des Rasse-Antisemitismus gespielt, wenn auch Gobineau selbst seine Aussagen über die Juden vor allem auf den Bereich der Rasseneifersucht der Juden und den Willen, sich abzusondern und rein zu halten, begrenzt habe.
Darüber hinaus habe Gobineau die Semiten auch zu den begabten und kulturschaffenden Völkern gezählt.[505]

Des weiteren führt auch sie an, daß Gobineaus Werk zur Zeit seines Erscheinens wenig
Beachtung gefunden habe und ihm diese im deutschen Sprachraum erst fünf Jahrzehnte
später zuteil geworden sei. Die kulturpessimistischen Prognosen des französischen Aristokraten, für den Demokratisierung und Gleichheitsdenken Zeichen der Degeneration,

---

[503] Mit Ausnahme von Claussen und seiner (positiven) Beurteilung der Frage nach der Wissenschaftlichkeit Gobineaus. Vgl. hierzu die Anmerkungen zu Claussen im Kapitel 8 dieser Arbeit.
[504] Vgl. im folgenden KIEFER, S. 108 f.
[505] So schreibt auch Young: „Gobineaus Beurteilung der Juden ist zwiespältig. Im ‚Essai ...' sagt er über
sie wenig ablehnendes, er macht ihnen höchstens Vorwürfe, daß sie sich entgegen den Gesetzen ihrer
Rasse zu oft mit Andersblütigen gemischt hätten." YOUNG, S. 132. Weiterhin betont Young, daß
Gobineau auf der einen Seite zwar vor den geistigen Fähigkeiten der Juden immer seine Hochachtung
bewahrt hätte, auf der anderen Seite dieses semitische Element aber immer dort, wo es auf das arische
getroffen sei, als minderwertig angesehen hätte. In den Semiten hätte der Aristokrat Gobineau immer

Blutmischung und Aufhebung der Rassengrenzen gleichsam Vorboten des Untergangs gewesen seien, hätten ihre Renaissance nicht zufällig um die Jahrhundertwende gehabt. Der Weg in die Moderne, gesäumt von ökonomischen, sozialen und politischen Umwälzungen, der tiefgreifende und verunsichernde Wandel aller Lebensbereiche, hätten Pessimismus genährt und Ängste vor dem allgemeinen Niedergang der Zivilisation hervorgerufen. Degeneration, das Schlagwort der Epoche, habe durch Gobineau seine biologische Ausdeutung erfahren.

Diese biologische Ausdeutung, so Kiefer, sei auf fruchtbaren Boden gefallen. Ludwig Schemann (1852-1938), sein Übersetzer des Werkes und Verbreiter, der Gobineau durch Richard Wagner in Bayreuth kennengelernt hatte, sei nicht nur Anhänger des nordischen Rassengedankens gewesen, sondern auch ein ebenso überzeugter Antisemit. In diesem Sinne habe er auch Gobineau interpretiert. Die von Ludwig Schemann popularisierten Theorien Gobineaus hätten alsbald den weltanschaulichen Bezugsrahmen völkisch-antisemitischer Gruppierungen gebildet. Der ungeheure Ruhm Gobineaus setzte vor allem durch das Wirken Schemanns in den neunziger Jahren des 19. Jahrhunderts ein, der 1894 auch die Gobineau-Vereinigung[506] gegründet hatte.

Durch Schemann wurde Gobineaus Werk aufgenommen und propagandistisch verbreitet.[507] Dabei trug der Wagnerkreis entscheidend zur Verbreitung der Gobineauschen Schrift und ihrer völkischen Botschaft bei.[508] Die Begegnung zwischen Schemann und

---

die Vertreter der Demokratie gesehen, und daraus würden sich gewisse abfällige Bemerkungen Gobineaus über die Semiten erklären lassen. Vgl. EBENDA, S. 132 f.

[506] Mitglieder dieser Vereinigung waren u. a. Paul Bourget, Vacher de Lapouge, Albert Sorel, Franz Xaver Kraus, Hans von Wolzogen und Prälat Friedrich Schneider. Vgl. RÖMER, S. 32.

[507] Schemann schrieb auch eine Biographie über Gobineau sowie andere „propagandistische" Werke über die Lehre Gobineaus. Vgl. dazu u. a. SCHEMANN, Gobineau. Eine Biographie [Auf den Seiten 428-453 geht Schemann mit einigen Betrachtungen zum Inhalt und zum Charakter sowie mit einigen Bemerkungen zur Geschichte, zur Bedeutung und zur Wirkung des „Essais" auf diesen ein] sowie DERS.: Gobineaus Rassenwerk. Aktenstücke und Betrachtungen zur Geschichte und Kritik des Essai sur l'inégalité des races humaines, Stuttgart 1910. In diesem Buch strebt Schemann u. a. die „Zerstreuung und Auflösung von Legenden und Irrtümern" bezüglich des „Essais", vor allem bezüglich der Entstehungsgeschichte, des Inhalts und der Wirkung, an. Darüber hinaus geht er auf Vorwürfe und Kritiken gegen das Werk ein und versucht sie als nicht haltbar darzustellen. Ein weiterer Schwerpunkt Schemanns liegt in der Hervorhebung der Bedeutung und der Leistung Gobineaus als großen Denker und als „Vater des Rassengedankens". Vgl. darüber hinaus zu Gobineau und Ludwig Schemann YOUNG, S. 235 ff.

[508] So erfolgte Gobineaus „geistige Auferstehung" durch Richard Wagner (ab 1880), d. h. durch die Veröffentlichungen der Bayreuther Blätter und durch den Bayreuther Kreis (Wolzogen, Schemann, Stein u. a.), sowie über Nietzsche (ab 1877) und später durch die von Schemann gegründete Gobineau Vereinigung (ab 1894), den Alldeutschen Verband, mehrere Deutschbundgemeinden, den Deutschen Ost-

Gobineau war dabei für das spätere Eindringen Gobineaus in pangermanistisch-nationalistische und antisemitisch-rassistische Kreise viel bedeutsamer gewesen als die Begegnung zwischen Wagner und Gobineau.[509] Schemann leistete Interpretationen, die die Rezeption erleichterten, wie etwa die Identifikation der Deutschen mit den Germanen, die bei Gobineau so eindeutig nicht war. Im Unterschied zu Gobineau gab Schemann seinen Interpretationen auch eine antisemitische Richtung.[510] Schemann war Antisemit und mißbrauchte und verfälschte Gobineau für seinen Antisemitismus. Gobineau war nämlich nicht mehr und nicht weniger Antisemit als es ein französischer Aristokrat damaliger Zeit war.[511]

Gobineau war, wie erwähnt, oft zur Rechtfertigung des rassischen Antisemitismus herangezogen worden. Er nahm jedoch, kollektiv gesehen, weder für noch gegen die Juden Stellung. Und wenn die einen behaupten, Gobineau hätte die Juden geliebt und geschätzt, und andere unter Berufung auf Gobineaus Lehre die Israeliten verfolgten, so habe dies laut Young daran gelegen, daß beide Parteien mit vorgefaßten Meinungen an die Auslegung seiner Werke herangegangen wären. Darüber hinaus hätte die Annäherung Gobineau-Wagner-Wolzogon zu dem Schluß verleiten können, den eigenständigen deutschen Antisemitismus mit der Lehre Gobineaus zu identifizieren. Daß Richard Wagner alles andere als judenfreundlich eingestellt gewesen war, sei ebenfalls bekannt, und so könne es nicht verwundern, daß alles, was mit dem Namen Gobineau in Deutschland verbunden wurde, später gleichzeitig den Stempel der Ideen des Bayreuther Kreises getragen hätte, von welchem Gobineau in Deutschland ja eingeführt worden war.[512]

Schemann häufte jedoch antisemitische Aussagen von Gobineau und behauptete, dieser habe in den Juden die Pioniere des Verderbens erkannt, in der Judenherrschaft das Vorzeichen einer nahenden Katastrophe gesehen. Schemanns Interpretationen sind dabei

---

markenverein, den Deutschen Schulverein, den Deutschnationalen Handlungsgehilfenverein sowie zum Teil durch die Wagner Vereine. Vgl. EBENDA, S. 225 ff, 241 f.

[509] Vgl. EBENDA, S. 235. Während und nach dem Ersten Weltkrieg in Deutschland erlebte die Verbreitung der Gobineauschen Ideen einen neuen Aufschwung, und zwar sowohl in pangermanistischer als auch in rassistischer Form. Sicherlich wußte dabei keiner besser als Schemann, daß Gobineau den Deutschen keinerlei politische Chancen mehr zugestanden hatte, da er sie, wie erwähnt, rassisch für ebenso verseucht hielt wie die meisten europäischen Nationen mit Ausnahme Englands. Vgl. EBENDA, S. 237.

[510] Vgl. WEINGART, S. 94.

[511] Vgl. RÖMER, S. 32.

ein Beispiel dafür, wie Gobineau Leuten, die Rassisten waren, als Legitimation gedient hat.[513]

Ziel Schemanns sei es darüber hinaus gewesen, so Kiefer, den wissenschaftlichen und künstlerischen Werken Gobineaus eine denkbar weite Verbreitung zu verschaffen. Dieser habe über korporative Mitgliedschaften die wichtigsten Verbände der völkischen Bewegung vereint: den Deutschbund, der als praktische Maßnahmen rassischer Politik ein Verbot der Rassenmischung und die Stärkung des germanischen Rassenanteils gefordert habe, den Alldeutschen Verband, den Deutschnationalen Handlungsgehilfenverband und andere deutschvölkische Vereine. Auch mit führenden Eugenikern sei Schemann in Verbindung gestanden und habe im germanischen Gedanken den Anknüpfungspunkt für „herzlichste" Beziehungen zur Gesellschaft für Rassenhygiene gesehen. Völkisches Denken und rassischer Antisemitismus hätten so vor dem Hintergrund von Gobineaus Theorien ihre scheinbar wissenschaftliche Rechtfertigung gefunden.[514]

So galt dann auch die Ungleichheit der „Rassen" den späteren Sozialanthropologen, wie z. B. Ludwig Woltmann, Ludwig Wilser oder Otto Ammon,[515] als naturgegebenes Faktum. In Anlehnung an Gobineau führten sie die kulturelle und geschichtliche Entwicklung der Völker allein auf rassische Faktoren zurück. Die Arbeiten Darwins und die Erkenntnisse der Vererbungsbiologie lieferten das zur Begründung ihrer Hypothesen notwendige naturwissenschaftliche Instrumentarium. Rassenentstehung ließ sich nun erklären mit den Gesetzen der Differenzierung und Anpassung, der Isolation und Wanderung, der Unzucht und Auslese.[516]

Dabei schienen physische und psychische Leistungsfähigkeit der „Menschenrassen" erblich vorbestimmt, wobei die „nordische Rasse" den Sozialanthropologen als die ideale Verkörperung der von Gobineau gepriesenen Ariern galt. Und auch in ihren pessimistischen Prognosen folgten die Sozialanthropologen Gobineau, schienen ihnen doch

---

[512] Vgl. YOUNG, S. 131 ff.
[513] Vgl. RÖMER, S. 32 f.
[514] Vgl. KIEFER, S. 109.
[515] Diese drei werden auch von Ludwig Schemann immer wieder positiv hervorgehoben und deren Anerkennung der Leistung Gobineaus in den Vordergrund gestellt. Vgl. SCHEMANN, Gobineaus Rassenwerk, S. V ff, XXXI, 140 ff. So spricht er in diesem Zusammenhang auch von der „Schule Gobineaus". EBENDA, S. 522 ff.

der organische Niedergang und das Aussterben der „Rassen", ob durch Mischung oder zivilisationsbedingte Ausschaltung der Auslese, als unausweichliche und natürlichen Gesetzmäßigkeiten unterworfene Prozesse. Hervorzuheben ist, daß die Sozialanthropologen in der Regel bis 1914 nicht ausdrücklich antisemitisch waren. Dies änderte sich jedoch schlagartig im Jahr des Kriegsausbruchs.

Zum Schluß sei an dieser Stelle noch auf einen anderen Aspekt bezüglich der Interpretation des „Essais" eingegangen. Wie des öfteren schon angedeutet und zum Teil angeführt, schrieb Gobineau den „Essai" nicht nur, um eine universalhistorische Rassentheorie zu konzipieren. Der „Antriebsmotor" für dieses Werk findet sich dabei vor allem in seiner Ablehnung der Demokratie und der daraus resultierenden „Gleichmacherei" aller Menschen sowie in der Gegenreaktion auf den damaligen allgemeinen Fortschrittsglauben wieder. Wenn man also nach den Ursachen und Gründen der Entstehung des „Essais" sucht, so muß man den „Essai", und damit eine universalhistorische Rassentheorie, auf die innerfranzösischen, politischen und gesellschaftlichen Entwicklungen und Verhältnisse projizieren.

Gobineaus Weltsicht, die der Rassismus erklären sollte, sei, so Mosse,[517] durch seine „fixe" Idee bestimmt gewesen, daß der Adel stets die unabdingbare Voraussetzung für wahre Freiheit, Tugend und Kultur in der Welt sei. Der Aristokrat Gobineau sei beseelt gewesen von dem Gedanken wahrer Ritterlichkeit, Ehre und einem aristokratischen Freiheitsideal, so wie es die alten teutonischen Stammesorganisationen verkörpert hätten. Das Frankreich seiner Schriften sei eine mythische Nation aus Aristokraten und Bauern, in der lokale Beziehungen das Gemeinwesen bestimmen und ihm Stabilität verleihen würden, die es in der Realität nicht mehr gegeben habe. Diese Vorstellung sei schon lange Gedankengut der französischen Konservativen gewesen und hätte bereits jene begeistert, die sich mit den Ursprüngen der Nation befaßt hätten. Aus dieser Perspektive heraus hätte Gobineau Gefahren seiner Zeit erkannt, die andere übersehen hätten.

---

[516] Vgl. hierzu und im folgenden KIEFER, S. 129 ff, mit ihren Ausführungen zu Rassentheorie und antisemitischer Gesinnung in der Nachfolge Gobineaus.
[517] Vgl. im folgenden MOSSE, Geschichte des Rassismus, S. 76-86.

Gobineaus Zeitalter war ein Zeitalter der Zentralisation und der Konfrontation. Für Gobineau hätten damals die „neuen Cäsaren und der Mob"[518] gegenüber gestanden und beide würden dabei all jene Kräfte zermalmen, die die Freiheit und die Tugend beschützen würden. Gobineau hatte den „Essai" geschrieben, als für ihn ein Alptraum wahr geworden zu sein schien. Napoleon III. hatte einen Staatsstreich durchgeführt und eine spätere Volksabstimmung sein diktatorisches Regime bestätigt. Konservative hätten nur die Zentralisation, Gobineau hingegen die Zukunft als das Zeitalter der Massen beklagt. Dies hätte seinen Befürchtungen und dem Versuch, sie zu erklären, neue Dimensionen verliehen.

Um die Gegenwart zu begreifen, habe Gobineau auf die Vergangenheit zurückgegriffen. Die Welt würde von einer Reihe von Kulturen beherrscht, auf die die Umwelt keinen Einfluß ausüben könne.[519] Die grundlegende Organisation und Eigenart aller Kulturen würden dabei mit den Eigenschaften und dem Geist der herrschenden „Rasse" übereinstimmen. Damit hätte Gobineau geglaubt, daß es ihm gelungen sei, den einzigen Schlüssel zu finden, der die Tür zum Verständnis der Vergangenheit, der Gegenwart und der Zukunft öffnen würde. Um die Rolle jeder „Rasse" in der Weltgeschichte zu verstehen, habe Gobineau die soziale Struktur sowie ihre Kultur sorgfältig analysiert. Jedoch wären dabei, so Mosse, Gobineaus Beobachtungen und Gelehrsamkeit von den Analogien zur Gegenwart, die den ganzen „Essai" durchziehen und jeder „Rasse" ihren Platz in der Gegenwart zuwiesen, quasi zugeschüttet worden.

Wegen ihrer sozialen und kulturellen Wirkungen habe Gobineau die drei „Grundrassen" aus ihrer angestammten Landschaft herausgenommen und ihre charakteristischen Merkmale auf einen Teil der französischen Sozialstruktur übertragen. Dies habe diesen „Rassen" eine direkte Bedeutung verliehen und eher dazu gedient, die Zustände im eigenen Lande als in entlegenen Zivilisationen zu erklären. Damit liege die Bedeutung Gobineaus nicht nur darin, daß er die „Rasse" zum Schlüssel der Weltgeschichte gemacht habe, sondern auch in seiner Idee, mit der Beobachtung fremder „Rassen" heimi-

---

[518] EBENDA, S. 76.
[519] „Ich will ganz klar herausstellen, daß der soziale Wert der Völker ganz unabhängig ist von den gegebenen äußeren Umständen. [...] Also nicht die Gunst eines Gebietes bedingt den Wert einer Nation, weder heute noch früher, sondern im Gegenteil: die Nation ist es, welche ihrem Gebiet seine moralische, ökonomische oder politische Bedeutung gab, gegeben hat oder geben wird." GOBINEAU, S. 43 f.

sche Frustrationen zu erklären. Für Gobineau war damit auch Frankreich selbst ein „Mikrokosmos rassischer Gefahren"[520].

Die gelbe „Rasse" sei, wie oben auch ausgeführt, nach Ansicht Gobineaus materialistisch, pedantisch, habe einen Drang nach materiellem Wohlstand, besäße aber keinerlei Vorstellungskraft und ihre Sprache sei ungeeignet, metaphysische Gedanken auszudrücken, so daß letztlich die gelbe „Rasse" dazu ausersehen sei, sich im Handel und Handwerk zu verwirklichen. Damit besäße aber diese „Rasse" jene Eigenschaften, die Gobineau der Bourgeoisie angehängt habe. Dieser habe er auch vorgeworfen, das echte, auf Regionalismus, Adel und Bauerntum beruhende, Frankreich vernichtet zu haben. Die gelbe „Rasse" würde ganz eindeutig keine jener Tugenden besitzen, die den wahren Adel auszeichne und deshalb gleiche sie dem französischen Mittelstand.

Die weiße „Rasse" dagegen sei das ideale Frankreich, denn sie verkörpere alle Tugenden des Adels: Liebe zur Freiheit, Ehre und Geistigkeit. Die weiße „Rasse" sei arisch und verkörpere dadurch all jene Eigenschaften, die er den Ariern, die zunächst in Indien eine Elite gebildet hätten, bevor sie das teutonische Erbe formten, zugesprochen hatte. Damit würden Freiheit und Ehre zusammenarbeiten und so einen Adel hervorbringen, der weniger durch Gewalt als durch seine unanfechtbare Tugend herrschen würde. Diese Ideale der weißen „Rassen" hätten aber nach Meinung Gobineaus immer weniger der damaligen Sachlage entsprochen. Zentralisation und Gewaltherrschaft hätten das aristokratische Vorbild abgelöst, die Bourgeoisie den Adel korrumpiert, und das Volk sei falschen Führern ausgeliefert.

Durch die Aussage Gobineaus, daß die Herrschenden stets einen höheren Anteil an arischem Blut aufweisen würden, die Unterdrückten hingegen auch in rein weißen Völkern in stärkerem Maße Erbanlagen dunkler „Rassen" besitzen würden, wurde Herrschaft und Unterdrückung somit als Resultat von Naturgesetzen erklärt. Herrschende und Beherrschte erhielten hierdurch ihre sozialen Rollen durch die Natur zugewiesen.[521]

Von zur Mühlen schreibt diesbezüglich über das Gesellschaftsbild Gobineaus bzw. seinen Anschauungen über die Gesellschaftsordnung folgendes:

---

[520] MOSSE, Geschichte des Rassismus, S. 77.

„Interessant ist hierbei für uns die Umkehrung von Ursache und Wirkung. Während wir die Rassentheorie Gobineaus als Ausfluß einer feudalistischen Restaurationsideologie erkennen, interpretierte dieser den Feudalismus als die den Ariern angemessene Gesellschaftsordnung."[522]

Nach Gobineau habe also der Feudalismus nicht die Rassentheorien, sondern die „Rasse" den Feudalismus hervorgebracht.

Für Gobineau waren die „Menschenrassen" somit nicht nur unterschiedlich zur Zivilisation, sondern auch zur Herrschaft befähigt. Die Arier seien stets vom Drang nach Herrschaft über andere Völker getrieben worden und auch politisch die talentiertesten gewesen. Aufgrund ihrer vielseitigen Überlegenheit hätten sie als Eroberer die anderen „Rassen" unterworfen und ihnen ihr Herrschaftssystem aufgezwungen, indem sie die Fürstenhäuser und den Adel stellten. Nun hätte der Anspruch auf Machtausübung und Herrschaft allen Angehörigen der arischen Völker gleichermaßen innegewohnt. Hierdurch und durch die Tatsache, daß sie selber ungern die Herrschaft anderer duldeten, hätten sie ein Herrschaftssystem aristokratischer Machtverteilung geschaffen – den Feudalismus, den Gobineau als typisches Rassenspezifikum der Arier bezeichnete.[523]

Und in Gesellschaften, die durch die Vermischung den einheimischen (arischen) Adel vollständig aufgesogen hätten, wirke sich nach Gobineau dennoch die „Rasse" im sozialen Schichtungsgefüge aus. Die Angehörigen der herrschenden Klassen und Stände würden demnach stets mehr arisches Blut als die unteren Schichten besitzen, so daß Herrschaft und Unterdrückung somit als naturgegebene Ordnungsprinzipien menschlichen Zusammenlebens zu gelten hätten. Dadurch interpretierte Gobineau letztendlich soziale Konflikte nicht als Klassen-, sondern als Rassenkämpfe, bei denen die rassisch „Minderwertigen" gegen die rassisch „Höherwertigen" aufbegehrten. Hierbei lasse sich, so von zur Mühlen, zum einen Boulainvilliers Frankenlegende wiedererkennen, die Gobineau zumindest sinngemäß übernommen und verallgemeinert hätte, zum anderen aber auch die Deutung der Revolution von 1789 als einer Revolte der gallischen Plebejer gegen ihren germanischen Adel.

---

[521] Vgl. MÜHLEN VON ZUR, S. 60.
[522] EBENDA, S. 55.

10. Schlußbetrachtung

Gobineau bündelte also bisher diffuse und widersprüchliche Ideen des jungen Rassismus seit Meiners in seinem „Essai". Seine Wirkung lag dabei weniger in der Originalität neuer Ideen als in der Zusammenfassung und – scheinbar überzeugenden – Systematisierung disparater Elemente, die bisher in der Literatur kursierten. In seiner Synthese erzeugten widersprüchliche Faktoren die erstaunlichsten Diskrepanzen. Angetreten mit dem damals modernen Rüstzeug der Anthropologie und Physiologie, folgte er als Katholik noch immer in groben Zügen dem Schöpfungsbericht der Genesis.[524]

Als Reflex der damals modischen „Indomanie"[525] ließ er die Menschheit in Asien entstehen, wo sich die aus der Genesis bekannten Stämme Ham, Sem und Japhet geteilt hätten. Sein theoretisches Bekenntnis zur Monogenese der Bibel und der Kirche löste sich in der Praxis zur Polygenese auf, da er auf einen Urmenschen, den Adamiten, zurückgriff und die Anfänge der Schwarzen und Gelben auf Afrika bzw. Asien hypothetisch verlegte.

Obwohl er die Hierarchisierung der „Rassen" in höhere und niedrigere „Rassen" fortschrieb, bedeutete dies noch nicht, daß er nur antinegrid oder antisemitisch war. So gestand er den Schwarzen wie den Juden durchaus beachtliche Fähigkeiten zu, selbst wenn er die Weißen eindeutig vorzog. Und unter den Weißen seien die Arier, solange sie rein blieben, die eigentlichen Schöpfer jeder höheren Kultur. Gobineau war geradezu besessen von der Reinheit und der Vermischung der „Rassen".

Gobineau tat so, und das ohne irgendeinen Beleg hierfür beizubringen, als stünde der Niedergang aller Zivilisationen durch die Vermischung verschiedener „Rassen" fest. Darüber hinaus behauptete er, ohne dies wiederum wirklich beweisen zu können, in einer Art „scheinwissenschaftlicher" Argumentation, daß jeder Fortschritt, den die Menschheit gemacht hatte, einzig und allein einigen wenigen Ariern zu verdanken sei.[526]

---

[523] Vgl. hierzu und im folgenden EBENDA, S. 55 f.
[524] Vgl. hierzu und im folgenden GEISS, S. 168 f.
[525] POLIAKOV, Über den Rassismus, S. 95.
[526] Vgl. zu dieser Einschätzung CAVALLI-SFORZA, S. 373.

Gobineau trug seine Gedanken in einem „grandseigneuralen"[527] Tone vor. Was ihm als Beweis dienen sollte, entnahm er den heterogensten Gebieten wie der Antike, dem Orient oder der französischen Königsgeschichte. Selten belegte er dabei seine Aussagen mit Quellen. Statt dessen füllte er seine Seiten mit Namen und angeblichen Fakten aus. Damit erweckt der „Essai" den Eindruck großer Gelehrsamkeit und

> „ist doch nichts als ein Ergebnis unverantwortlichen Umgangs mit zusammengestoppelten Kenntnissen"[528].

Der Punkt, an dem Gobineaus Denken einsetzte, war der Sturz der Zivilisationen als das auffallendste und zugleich das dunkelste aller geschichtlichen Phänomene. Er glaubte, in der Vermischung der „Rassen" die Erklärung für den Verlauf der gesamten Weltgeschichte und vor allem für den Untergang der großen Reiche gefunden zu haben. Die Rassenmischung stellte für ihn ein Verhängnis dar. Zivilisation war allein der weißen „Rasse" vorbehalten und nicht übertragbar. Nicht einmal Aneignungs- und Lernprozesse seien den Völkern niederer „Rasse" möglich.[529]

Es gelang ihm jedoch, mit diesen falschen rassistischen Thesen einen beträchtlichen Teil der europäischen Intelligenz zu überzeugen und sie fast ein Jahrhundert lang damit zu blenden. Es wäre jedoch falsch, Gobineau alleine die Schuld zu geben. Viele andere verbreiteten in seinem Kielwasser oder auch unabhängig von ihm ähnliche Ideen. Auf jeden Fall hat der moderne Rassismus viel verzweigtere Wurzeln und geht nicht nur auf die Aussagen eines einzigen Menschen, Gobineau, zurück.[530]

Gobineau deutete also die Menschheitsgeschichte nach rassischen Gesichtspunkten. Er sah den Vorrang der weißen „Rasse" vor allen anderen „Rassen". Für ihn waren die Arier das eigentlich kreative Element, die Schöpfer jeder höheren Kultur. Im Gegensatz dazu taugten die niederen „Rassen" allein zur Knechtschaft. Die politisch-ideologische

---

[527] RÖMER, S. 30.
[528] EBENDA, S. 31. Und Young schreibt über Gobineau: „Gobineau ist kein unvoreingenommener Forscher – für ihn handelt es sich nicht darum, die Wahrheit zu erkennen; denn er glaubt, sie a priori zu besitzen. Er will nichts als beweisen. Im Grund hält seine Arbeit weder einer anthropologischen noch einer historischen Kritik stand. [...] Im Grunde seines Wesens war Gobineau mehr Dichter als Geschichtsphilosoph, wenn er auch seinen Werken den Anschein der Wissenschaftlichkeit zu geben suchte." YOUNG, S. 123, 125.
[529] Vgl. RÖMER, S. 29 f.
[530] Vgl. CAVALLI-SFORZA, S. 373.

Absicht solcher „abstruser" Geschichtsbilder war die Rechtfertigung einer überkommenen, europäisch beherrschten Gesellschafts- und Weltordnung. Dahinter standen soziale Ängste und Abwehrmechanismen, die auch in der Furcht vor der rassischen Degeneration zum Ausdruck kamen. Gobineau sah die Arier vom Rassetod bedroht und prophezeite deren Niederlage im Kampf zwischen den niederen und höheren „Rassen". Nur durch ihre Reinhaltung könnten die höheren „Rassen" diesem Untergang entgehen.[531]

Indirekt wurde damit auch der Züchtungsgedanke angedeutet.[532] Dieser wurde durch den Einfluß biologistischer Denkmuster verstärkt, Denkmuster wie sie durch Charles Darwin begründet und populär wurden. Nach Darwin waren die auf der Erde lebenden „Rassen" das Ergebnis eines Prozesses der natürlichen Auslese, der sich im Kampf ums Dasein manifestierte. Bei Darwin war dies noch wertneutral gemeint. Im Gegensatz dazu erhielt diese Auffassung bei den Sozialdarwinisten eine politische und sozial ausgrenzende Bedeutung und fand große Verbreitung. Nun war die Rede von der Ausschaltung aller Untüchtigen und der Vernichtung lebensunwerten Lebens.

Vorbereitet durch Spencer, erreichte der moderne Rassismus jedoch durch die Verknüpfung Gobineaus mit den Wirkungen Darwins einen neue Qualität. Mit seinem Pessimismus, der das langfristige Unterliegen der edleren „Rassen" gegenüber den minderwertigen vorhersagte, provozierte Gobineau später geradezu einen voluntaristischen Aktivismus als Flucht nach vorn, um den Untergang doch noch zu vermeiden. Systematisiert führte er damit später zur Rassenhygiene, bewußten Selektion und Manipulation zur Rettung der höheren „Rasse" und Vernichtung der niederen „Rasse".[533]

---

[531] Vgl. hierzu und im folgenden: BUNDESZENTRALE FÜR POLITISCHE BILDUNG (Hrsg.): Nationalsozialismus I. Von den Anfängen bis zur Festigung der Macht (Informationen zur politischen Bildung; 251), Bonn/München 1996, S. 14.

[532] In diesem Zusammenhang verdeutlicht Young, daß Gobineau selbst – wie schon ausführlich dargelegt – keinerlei Heilmittel gegen den rassischen Verfall gesehen hat und er jeden Eingriff irgendwelcher Art in den Verlauf des Prozesses der ethnischen Mischungen strikt abgelehnt habe. Vgl. YOUNG, S. 133.

[533] Vgl. GEISS, S. 169. Dies war eine der wichtigsten Konsequenzen aus Darwins Theorien, kombiniert mit Gobineaus menschheitspessimistischer Angst vor der Degenerierung und dem Rassetod: Die Entstehung eines neuen Zweiges des Rassismus, die Rassenhygiene oder Erbgesundheitslehre (Eugenik), gleichsam als angewandter Rassismus. Der Erfinder der Eugenik, Francis Galton, war jedoch kein Antisemit gewesen. Den eigentlichen Durchbruch der Eugenik hat Galton in Deutschland nach der Reichsgründung erzielt, jedoch mit einer folgenschweren Verschiebung der Akzente. So hatte die deutsche Eugenik rasch den fortan rassisch argumentierenden Antisemitismus aufgenommen. Damit waren die Juden zu „Parasiten" avanciert, die angeblich die nationale Einheit und die rassische Reinheit schwächten. Vgl. EBENDA, S. 170 ff.

Die Rassenklassifikationen und Rassenwertungen blieben so lange auf wissenschaftliche Zirkel beschränkt, wie sie in anthropologischen und ethnologischen Büchern und Zeitschriften versteckt waren. Das gebildete Publikum nahm gewiß Notiz von ihnen, aber eine eigentliche Rassenideologie, die breiteste Kreise ergriff und ihnen Erklärungen für gesellschaftliche Entwicklung in der Gegenwart anbot, war bis in die Mitte des 19. Jahrhunderts nicht vorhanden. Das Auftreten des Grafen Gobineau bedeutete auch nicht sofort die Wende, wurde sein Werk doch erst in der zweiten Hälfte des 19. Jahrhunderts rezipiert.[534]

Jedoch war dann die Wirkung Gobineaus enorm, zwar zunächst nicht in Frankreich, sondern in Deutschland,[535] aber auch in England und den USA. Gobineau stellte erstmals den Rassismus auf eine breite, scheinbar wissenschaftlich gesicherte Grundlage. Rassenlehre wurde damit fortan, unter welchem Namen auch immer, akademisch salonfähig. In Deutschland eröffneten das antisemitische Engagement Richard Wagners in seinen „Bayreuther Blättern" (ab 1878),[536] die „Gobineau Gesellschaft" und der „Alldeutsche Verband"[537] der Rassenlehre ein breites gesellschaftliches Feld.[538]

Rassismus und Antisemitismus wurden damit seit dem späten 19. Jahrhundert in kleinen Zirkeln ideologisch miteinander verbunden. Durch die Agitation antisemitischer Gruppierungen seit den 80er Jahren des 19. Jahrhunderts wurden sie dann populär gemacht. Bei der Verbreitung und der Vermittlung rassistischer und antisemitischer Vorstellungen spielte der Wagner-Kreis in Bayreuth eine wichtige Rolle.[539] Der Wagner-Kreis

---

[534] Vgl. RÖMER, S. 29.

[535] Anzumerken ist hierbei noch, daß nach Young Gobineaus Beziehungen zu Deutschland häufig falsch interpretiert worden seien, und nur aus seinen Werken selbst seine wirkliche Stellung zu Deutschland zu deuten seien. Dabei dürften seine freundschaftlichen Beziehungen zu Wagner nicht im geringsten Maße als Sympathie für das Deutschland seiner Zeit angesehen werden, sondern müßten lediglich als private Zuneigung zu dem Werk Wagners betrachtet werden. Für Gobineau hätten die Deutschen des 19. Jahrhunderts nichts mehr mit den Germanen gemeinsam gehabt. Er habe ihnen keinerlei politische Chancen mehr zugestanden, da er sie für rassisch eben so verseucht gehalten habe wie die meisten anderen europäischen Nationen. Vgl. YOUNG, S. 135, 237.

[536] Vgl. zu Richard Wagner auch ausführlich KATZ, J.: Richard Wagner, Vorbote des Antisemitismus (Eine Veröffentlichung des Leo Baeck Instituts), Königstein 1985. Vgl. darüber hinaus zu Gobineau und Richard Wagner sowie zu Gobineau und die Bayreuther Blätter YOUNG, S. 224-234.

[537] Mosse betont, daß vor allem der Alldeutsche Verband Gobineaus Gedanken aufgegriffen habe. Dies falle nicht deswegen ins Gewicht, weil er eine einflußreiche politische Bewegung gewesen sei, sondern auch, weil seine Mitglieder zum größten Teil aus Lehrern bestanden hätten. Vgl. MOSSE, Geschichte des Rassismus, S. 80.

[538] Vgl. GEISS, S. 169 sowie YOUNG, S. 241 f.

[539] Vgl. hierzu auch ausführlich 1914/18 SCHÜLER, W.: Der Bayreuther Kreis von seiner Entstehung bis zum Ausgang der Wilhelminischen Ära. Wagnerkult und Kulturreform im Geiste völkischer Weltanschauung (Neue Münstersche Beiträge zur Geschichtsforschung, Bd. 12), Münster 1971. Bayreuth und die Alldeutschen hätten Gobineaus Botschaft pervertiert, oder besser gesagt, hätten diese den

machte den Mythos von Ariern und Germanen durch Bühnenweihspiele für ein gebildetes Publikum hoffähig.[540] Richard Wagner war selbst Antisemit und Rassist. Durch seinen Kreis wurden die Werke Gobineaus ins Deutsche übersetzt, während der andere „Klassiker des Rassismus", der britische Publizist Houston Stewart Chamberlain, seit Anfang 1880 selbst zum Bayreuther Kreis gehörte.[541]

Trotz Differenzen im Detail wurde fast ein halbes Jahrhundert später Chamberlain Gobineaus „Nachfolger".[542] Erst der neue sozialdarwinistische Determinismus ermöglichte

---

deutschen Bedürfnissen angepaßt. Schwarze und Gelbe hätten in den Phantasien der Deutschen eine geringe Rolle gespielt, da es bis zum Ende des 19. Jahrhunderts keinerlei engen Kontakt mit diesen Völkern gegeben hatte. Der Erwerb afrikanischer Kolonien ab der Mitte der 80er Jahre des 19. Jahrhunderts und die Besetzung eines Stützpunktes in China gegen Ende desselben Jahrhunderts seien zu spät erfolgt, als daß sie die Entwicklung des Rassismus in Deutschland hätten beeinflussen können. Die Juden jedoch, die überall in Deutschland und in den Ghettos an seinen östlichen Grenzen lebten, wären, schon lange bevor Wagner sie für die völkische Degeneration verantwortlich gemacht habe, die Zielscheibe des Rassismus gewesen. Auch die Alldeutschen hätten die Juden wegen ihrer vermeintlichen Opposition zum Militarismus und Expansionismus für den Niedergang der Nation verantwortlich gemacht. Vgl. MOSSE, Geschichte des Rassismus, S. 80 f. Darüber hinaus wurde der „Essai" nicht nur als „mächtige und wissenschaftliche Waffe in den Händen der Antisemiten" (SCHÜLER, S. 243) beschrieben, sondern er galt auch als Beweis für die arische Überlegenheit der Deutschen, habe er doch, wie es die „Bayreuther Blätter" formulierten, den urgermanischen Geist erweckt, der in der Wiege Asiens großgezogen worden sei. Vgl. MOSSE, Geschichte des Rassismus, S. 81.
[540] Vgl. hierzu auch AUGSTEIN, R.: Siegfried. Lohengrin, Parsival – Hitler? Rudolf Augstein über die Beziehungen zwischen dem Weltzerstörer Adolf Hitler und dem Erbauer Walhalls. Sind Musik und Schriften Richard Wagners schuld an Hitlers Greueltaten? In: Der Spiegel 30/1997, S. 154-161.
[541] Vgl. BUNDESZENTRALE FÜR POLITISCHE BILDUNG (Hrsg.), S. 14.
[542] Vgl. GEISS, S. 169, 173 f. Jedoch nahm mit Chamberlain die Lehre eine andere Richtung. 1899 veröffentlichte er „Die Grundlagen des 19. Jahrhunderts", ein Werk, welchem in Deutschland weitaus mehr Erfolg beschieden war als Gobineaus „Essai". (Chamberlains Werk hatte später großen Einfluß auf Hitler, Rosenberg und Günther. Vgl. hierzu ausführlich YOUNG, S. 297-339. Dadurch kam es letztendlich zu einer unheilvollen Verknüpfung der Gobineauschen Theorie mit den Ideen der selektionistischen Schule und damit des Gobinismus mit dem Darwinismus. Die geschichtsphilosophische Doktrin des Nationalsozialismus sei deshalb nichts anderes als die von Chamberlain verfälschte Gobineausche Rassenlehre, bereichert um die Theorien der sozialanthropologischen und selektionistischen Schule.) Verwandte Chamberlain auf der einen Seite viel von den Lehren Gobineaus, so kehrte er sie in bezug auf die Rassenvermischung doch gänzlich um. Nach Chamberlain würde die Welt nicht an Rassenmischung zugrunde gehen, sondern eine gute „Rasse" könne sich aus Mischungen immer wieder neu herauszüchten. Die „Rasse" könne sozusagen progressiv veredelt werden: „[...] eine edle Rasse fällt nicht von Himmel herab, sondern sie wird nach und nach edel, genau so wie die Obstbäume, und dieser Werdeprozeß kann jeden Augenblick von neuem beginnen." CHAMBERLAIN, H. ST. (1899), zit. nach Young, S. 245. Dies bedeutete zugleich die Abwendung von Gobineaus Pessimismus und die Hinwendung zu optimistischen Züchtungstheorien. „Selbst wenn es bewiesen wäre, daß in der Vergangenheit nie eine arische Rasse existierte, so wollen wir doch, daß sie in der Zukunft eine existiert. Für Männer der Tat ist das der entscheidende Punkt." EBENDA, zit. nach Young, S. 258. So wollte auch Nietzsche, der zu den Lesern und Bewunderern Gobineaus gehörte, die Züchtung des Übermenschen. Seine Ansichten über Entartung, Dekadenz, physiologische oder geistige Minderwertigkeit von Menschengruppen, über Demokratie und Gleichheit, über geborene Herren und Knechte, ähneln denen von Gobineau stark. Vgl. RÖMER, S. 32 f. Zwar spannte Nietzsche eine weit fortgeschrittene Rassenmischung ein, resignierte aber nicht so wie Gobineau, sondern empfahl die Züchtung neuer „Rassen", nachdem die bewußte Vernichtung der verfallenden „Rassen" vollzogen sei. Vgl. YOUNG, S. 278. Und Young schreibt über das Verhältnis von Chamberlain zu Gobineau: „Es ist bekannt, daß

Gobineaus Rezeption in seinem Heimatland Frankreich, bei den revolutionären Extremen auf der Rechten wie auf der Linken.[543]

Waren Darwin und Gobineau keine Antisemiten, so erhielt die biologistisch (genealogisch) begründete Rassenlehre eine noch gefährlichere Bedeutung, wenn sie sich mit antisemitischen Vorurteilen und die von Gobineau beklagte Degeneration der „Rassen" mit der angeblichen Zersetzungstätigkeit der Juden verband. Daraus wurde die Forderung einer Auslesepolitik abgeleitet, die den Prozeß der Degeneration stoppen sollte. Die neue Rassenlehre, wonach „Judesein" eine unverändert negative Eigenschaft darstellte, war zur selben Zeit in Frankreich durch George Vacher de Lapouge und Edouard Drumont sowie in Deutschland durch Eugen Dühring, Wilhelm Marr und Houston Stewart Chamberlain publizistisch verbreitet worden. Sie alle forderten mehr oder weniger offen die Vernichtung der Juden, um die Reinheit und Herrschaft der Arier zu sichern. Dabei mündeten ältere, aus dem Spätmittelalter überkommene und christlich-religiös motivierte antijudaistische Stereotype in den neuen, scheinwissenschaftlichen Rassismus.[544]

In Frankreich selbst hatte Gobineau nie so recht Anklang gefunden. Da die französische Rechte katholisch war, stand sie rassischen Theorien, die beispielsweise die Wirkung der Taufe für Konvertierte verneinten, nicht ohne eine gewisse Ambivalenz gegenüber. Auch die 1899 gegründete und von da an mächtigste französische Rechtsbewegung, die „Action Française", ignorierte Gobineau. So wurde Gobineau erst in den dreißiger Jahren des 20. Jahrhunderts wieder entdeckt. Einmal geschah dies durch die Bemühungen seines Enkels Clement Serpaille. Zum anderen durch die intellektuelle Clique um die rechtsradikale Zeitung „Je suis partout". In ihr wurde 1933 Gobineau durch Pierre-Antoine Costeaul als den Vorläufer des faschistischen Denkens dargestellt. Ein Jahr

---

Chamberlain zuerst durch die Lektüre der Bayreuther Blätter auf Gobineaus Ideen gestoßen war. Weil er seine geistige Hörigkeit Gobineau gegenüber nie eingestanden hat, war man versucht, allein im Werk Richard Wagners den Ausgangspunkt der Chamberlainschen Lehre zu suchen. [...] Chamberlain kommt nicht umhin, vor allem in seinen ‚Grundlagen des 19. Jahrhunderts' (1899), Gobineau dauernd zu erwähnen. [...] Während man Gobineau in jeder Weise das Prädikat zugestehen muß, schöpferisch gewesen zu sein, ist Chamberlain lediglich die Popularisierung einer Idee [...]. [...] so steht es doch fest, daß ohne den ‚Essai...' die ‚Grundlagen' nicht hätten geschrieben werden können." YOUNG, S. 245, 261. Vgl. darüber hinaus ausführlicher zu Chamberlain EBENDA, S. 243-269 *sowie* CLAUSSEN, S. 67 ff, mit seinem kommentierten Text zu Chamberlains „Grundlagen des 19. Jahrhunderts".
[543] Vgl. GEISS, S. 169.
[544] Vgl. BUNDESZENTRALE FÜR POLITISCHE BILDUNG (Hrsg.), S. 14.

später brachte die „Nouvelle Revue Française" eine Sondernummer heraus, die über-
wiegend dem literarischen Werk Gobineaus gewidmet war. Doch selbst für diese kleine
Gruppe blieb Gobineau höchstens eine Randfigur.[545]

---

[545] Vgl. MOSSE, Geschichte des Rassismus, S. 81 f.

Literatur- und Quellenverzeichnis

Arendt, H.: Elemente und Ursprünge totaler Herrschaft. Aus dem Englischen von der Verfasserin, München/Zürich 1986.

Arndt, E. M.: Blick aus der Zeit auf die Zeit, Germanien [d. i. Frankfurt] 1814.

Augstein, R.: Siegfried. Lohengrin, Parsival – Hitler? Rudolf Augstein über die Beziehungen zwischen dem Weltzerstörer Adolf Hitler und dem Erbauer Walhalls. Sind Musik und Schriften Richard Wagners schuld an Hitlers Greueltaten? In: Der Spiegel 30/1997, S. 154-161.

Biddiss, M. D.: Father of Racist Ideology. The Social and Political Thought of Count Gobineau, London 1970.

Bitterli, U.: Die 'Wilden' und die 'Zivilisierten'. Grundzüge einer Geistes- und Kulturgeschichte der europäisch-überseeischen Begegnung, 2. Auflage, München 1991.

Blanckaert, C.: On the origins of french ethnology. In: Georg W. Stocking jr. (Hrsg.): Bones, Bodies, Behavior. Essays on biological anthropology (History of anthropology; Bd. 5), Madison/London 1988, S. 18-55.

Buffon, G. de.: Histoire de l'homme (Histoire naturelle, générale et particulière; 5), par M. de Buffon, nouvelle édition, Paris 1769.

Bundeszentrale für politische Bildung (Hrsg.): Nationalsozialismus I. Von den Anfängen bis zur Festigung der Macht (Informationen zur politischen Bildung; 251), Bonn/München 1996.

Butterwege, C./Jäger, S. (Hrsg.): Rassismus in Europa, Köln 1992.

Cavalli-Sforza, L./Cavalli-Sforza, F.: Verschieden und doch gleich. Ein Genetiker entzieht dem Rassismus die Grundlage. Aus dem Italienischen von Sylvia Hofer, München 1994.

Claussen, D.: Was heißt Rassismus?, Darmstadt 1994.

Darwin, C.: Die Entstehung der Arten durch natürliche Zuchtwahl (Reclams Universal-Bibliothek; Bd. 831). Aus dem Englischen von Carl. W. Neumann, Leipzig 1990.

Dittrich, E. J.: Das Weltbild des Rassismus (Reihe: Migration und Kultur), Frankfurt 1991.

Dux, G.: Die Logik der Weltbilder: Sinnstrukturen im Wandel der Geschichte (Suhrkamp-Taschenbuch Wissenschaft; 370), Frankfurt 1982.

Fichte, J. G.: Reden an die deutsche Nation (Philosophische Bibliothek; Bd. 204). Mit neuer Einleitung von Reinhard Lauth, mit Literaturhinweisen und Register, 5. durchgesehene Auflage nach deutschem Erstdruck von 1808, Hamburg 1978.

Geiss, I.: Geschichte des Rassismus, Frankfurt 1988.

Gobineau, J. A. Graf de: Die Ungleichheit der Menschenrassen, übersetzt von R. Kempf, Kurt Wolff-Verlag Berlin, Berlin 1935.

Gobineau, J. A. Graf. de.: Gobineau. Auswahl aus seinen Schriften, herausgegeben von Fritz Friedrich. In: Jeannot von Grotthuss (Hrsg.): Bücher der Weisheit und Schönheit, Stuttgart 1906.

Gould, St. J.: Der falsch vermessene Mensch (Suhrkamp-Taschenbuch Wissenschaft; 583), Frankfurt 1988.

Hortzitz, N.: Früh-Antisemitismus in Deutschland (1789-1871/72): Strukturelle Untersuchungen zu Wortschatz, Text und Argumentation (Reihe germanistische Linguistik; 83), Tübingen 1988.

Hume, D.: Essays, moral, political and literary. Edited and with a Foreword, Notes, and Glossary by Eugene F. Miller (Liberty Classics), revised edition, Indianapolis 1987.

Kant, I.: Über den Gebrauch teleologischer Prinzipien in der Philosophie. In: W. WEISCHEDEL (Hrsg.): Immanuel Kant. Werke in zehn Bänden; Bd. 8 (Kritik der Urteilskraft und Schriften zur Naturphilosophie), Darmstadt 1975.

Kant, I.: Von den verschiedenen Racen der Menschen zur Ankündigung der Vorlesungen der physischen Geographie im Sommerhalbjahre 1775, Königsberg 1775. In: W. WEISCHEDEL (Hrsg.): Immanuel Kant. Werke in zehn Bänden; Bd. 9 (Schriften zur Anthropologie, Geschichtsphilosophie, Politik und Pädagogik. Erster Teil), Darmstadt 1975.

Kappeler, M.: Rassismus. Über die Genese einer europäischen Bewußtseinsform, Frankfurt 1994.

Katz, J.: Richard Wagner. Vorbote des Antisemitismus (Eine Veröffentlichung des Leo Baeck Instituts), Königstein 1985.

Kiefer, A.: Das Problem einer „jüdischen Rasse": eine Diskussion zwischen Wissenschaft und Ideologie (1870-1930) (Marburger Schriften zur Medizingeschichte; Bd. 29), Frankfurt/Bern/New York/Paris 1991.

Kilian, L.: Zum Ursprung der Indogermanen. Forschungen aus Linguistik, Prähistorie und Anthropologie (Habelt-Sachbuch; Bd. 3), London 1970.

Kinder, H./Hilgemann, W. (Hrsg.): dtv-Atlas zur Weltgeschichte. Karten und chronologischer Abriß. Band II (Von der Französischen Revolution bis zur Gegenwart), 18. Auflage, München 1983.

Klemm, G.: Allgemeine Cultur-Geschichte der Menschheit, Erster Band, Leipzig 1843.

Koch, H. W.: Der Sozialdarwinismus. Seine Genese und sein Einfluß auf das imperialistische Denken (Beck'sche Schwarze Reihe; Bd. 97), München 1973.

Kretzer, E.: Joseph Arthur von Gobineau. Sein Leben und sein Werk (Männer der Zeit XI), Leipzig 1902.

Lester, P./Millot, J.: Grundriß der Anthropologie. Aus dem Französischen und herausgegeben von Frédéric Falkenburger, Lahr 1947.

Lévi-Strauss, C.: Rasse und Geschichte. Aus dem Französischen von Traugott König (Suhrkamp-Taschenbuch; 62), Frankfurt 1972.

Meiners, C.: Grundriß der Geschichte der Menschheit. Photomechanische Reproduktion [d. Ausg.] Lemgo 1793 (Scriptor-Reprints: Sammlung 18. Jahrhundert, hrsg. von Jörn Garber), Königstein 1981.

Memmi, A.: Rassismus (Athenäums Taschenbücher; Bd. 172). Aus dem Französischen von Udo Rennert, Frankfurt 1992.

Meyers Enzyklopädisches Lexikon in 25 Bänden, 9. Auflage, Mannheim/Wien/Zürich.

Miles, R. Rassismus. Einführung in die Geschichte und Theorie eines Begriffs. Aus dem Englischen von Michael Haupt, Hamburg 1991.

Mosse, G. L.: Die Geschichte des Rassismus in Europa. Aus dem Amerikanischen von Elfriede Burau und Hans Günter Holl, Frankfurt 1993.

Mosse, G. L.: Rassismus. Ein Krankheitssymptom in der europäischen Geschichte des 19. und 20. Jahrhunderts. Aus dem Englischen von Elfriede Burau, Königstein 1978.

Mühlen, P. von zur: Rassenideologien: Geschichte und Hintergründe (Internationale Bibliothek; Bd. 102), Berlin/Bonn-Bad Godesberg 1977.

Mühlmann, W. E.: Geschichte der Anthropologie, 4. Auflage, Wiesbaden 1986.

Nell, W.: Rassismus und Fremdenfeindlichkeit in Europa. Begriffserklärung und Formationsbestimmung. In: Institut für Sozialpädagogische Forschung Mainz (Hrsg.): Rassismus und Fremdenfeindlichkeit in Europa, Neuwied/Kriftel/Berlin 1997, S. 20-47.

Nietzsche, F.: Also sprach Zarathustra, 2. Auflage, Atlas-Verlag Köln, Köln o. J.

Poliakov, L.: Der arische Mythos. Zu den Quellen von Rassismus und Nationalismus. Aus dem Französischen von Margarete Venjakob und Holger Fliessbach, Hamburg 1993.

Poliakov, L./Delacampagne, C./Girard, P.: Über den Rassismus: 16. Kapitel zur Anatomie, Geschichte und Deutung des Rassenwahns. Mit einer Einleitung von Philipp Wolff-Windegg, Frankfurt/Berlin/Wien 1984.

Rehork, J.: Urgeschichte. In: Heinrich Pleticha (Hrsg.): Weltgeschichte in 14 Bänden. Band 1 (Morgen der Menschheit. Vorgeschichte und Frühe Hochkulturen), Berlin/Darmstadt/Wien 1988.

Römer, R.: Sprachwissenschaft und Rassenideologie in Deutschland, München 1985.

Saller, K.: Rassengeschichte des Menschen (Urban Bücher; 125), Stuttgart 1969.

Schemann, L.: Gobineau. Eine Biographie, 2 Bde., Straßburg 1913/16.

Schemann, L.: Gobineaus Rassenwerk. Aktenstücke und Betrachtungen zur Geschichte und Kritik des Essai sur l'inégalité des races humaines, Stuttgart 1910.

Scherer, A. (Hrsg.): Die Urheimat der Indogermanen (Wege der Forschung; Bd. 166), Darmstadt 1968.

Schüler, W.: Der Bayreuther Kreis von seiner Entstehung bis zum Ausgang der Wilhelminischen Ära. Wagnerkult und Kulturreform im Geiste völkischer Weltanschauung (Neue Münstersche Beiträge zur Geschichtsforschung, Bd. 12), Münster 1971.

Schütz, M.: Rassenideologien in der Sozialwissenschaft (Collection Contacts, Série II – Gallo-germanica; Vol. 11), Bern/Berlin u. w. 1994.

Shipman, P.: Die Evolution des Rassismus. Gebrauch und Mißbrauch von Wissenschaft. Aus dem Amerikanischen von Sebastian Vogel, Frankfurt 1995.

Silbermann, A.: Der ungeliebte Jude. Zur Soziologie des Antisemitismus (Texte + Thesen; 134), Zürich 1981.

Stern, F.: Kulturpessimismus als politische Gefahr. Eine Analyse nationaler Ideologie in Deutschland. Aus dem Amerikanischen von Alfred P. Zeller, Bern/Stuttgart/Wien 1963.

Thierry, A.: Dix ans d'études historiques par Augustin Thierry. Nouvelle édition. Revue avec le plus grand soin (Oevres de Augustin Thierry; II), Paris (circa) 1880.

Weingart, P./ Kroll, J./Bayertz, K.: Rasse, Blut und Gene. Geschichte der Eugenik und Rassenhygiene in Deutschland, Frankfurt a. M. 1988.

Westphalen, L. Graf von: Geschichte des Antisemitismus in Deutschland im 19. und 20. Jahrhundert (Quellen und Arbeitshefte zur Geschichte und Gemeinschaftskunde), Stuttgart 1971.

Wippermann, W.: Was ist Rassismus? Ideologien, Theorien, Forschungen. In: Barbara Danckwortt/Thorsten Querg/Claudia Schöningh (Hrsg.): Historische Rassismusforschung: Ideologen, Täter, Opfer. Mit einer Einleitung von Wolfgang Wippermann (Edition Philosophie und Sozialwissenschaft; 30), Hamburg/Berlin 1995, S. 9-33.

Young, E. J.: Gobineau und der Rassismus. Eine Kritik der anthropologischen Geschichtstheorie (Archiv für vergleichende Kulturwissenschaft; Bd. 4), Meisenheim am Glan 1968.

Zick, A.: Vorurteile und Rassismus. Eine sozialpsychologische Analyse, Münster/New York/München/Berlin 1997.